Rosangela Carrara

RAÍZES HISTÓRICAS DO ENSINO DAS ARTES NO BRASIL:
Organização curricular e formação de professores

Rosangela Carrara

RAÍZES HISTÓRICAS DO ENSINO DAS ARTES NO BRASIL:
organização curricular e formação de professores

EDITORA CRV
Curitiba - Brasil
2015

Copyright © da Editora CRV Ltda.
Editor-chefe: Railson Moura
Diagramação e Capa: Editora CRV
Revisão: Ana Cristina Campedelli
Ilustração de Capa: Paula Cristina Carrara Withers
Conselho Editorial:

Profª. Drª. Andréia da Silva Quintanilha Sousa (UNIR)
Prof. Dr. Antônio Pereira Gaio Júnior (UFRRJ)
Prof. Dr. Carlos Alberto Vilar Estêvão
- (Universidade do Minho, UMINHO, Portugal)
Prof. Dr. Carlos Federico Dominguez Avila (UNIEURO - DF)
Profª. Drª. Carmen Tereza Velanga (UNIR)
Prof. Dr. Celso Conti (UFSCar)
Prof. Dr. Cesar Gerónimo Tello
- (Universidad Nacional de Três de Febrero - Argentina)
Profª. Drª. Elione Maria Nogueira Diogenes (UFAL)
Prof. Dr. Élsio José Corá (Universidade Federal da Fronteira Sul, UFFS)
Profª. Drª. Gloria Fariñas León (Universidade de La Havana – Cuba)
Prof. Dr. Francisco Carlos Duarte (PUC-PR)
Prof. Dr. Guillermo Arias Beatón (Universidade de La Havana – Cuba)

Prof. Dr. João Adalberto Campato Junior (FAP - SP)
Prof. Dr. Jailson Alves dos Santos (UFRJ)
Prof. Dr. Leonel Severo Rocha (UNISINOS)
Profª. Drª. Lourdes Helena da Silva (UFV)
Profª. Drª. Josania Portela (UFPI)
Profª. Drª. Maria de Lourdes Pinto de Almeida (UNICAMP)
Profª. Drª. Maria Lília Imbiriba Sousa Colares (UFOPA)
Prof. Dr. Paulo Romualdo Hernandes (UNIFAL - MG)
Prof. Dr. Rodrigo Pratte-Santos (UFES)
Profª. Drª. Maria Cristina dos Santos Bezerra (UFSCar)
Prof. Dr. Sérgio Nunes de Jesus (IFRO)
Profª. Drª. Solange Helena Ximenes-Rocha (UFOPA)
Profª. Drª. Sydione Santos (UEPG PR)
Prof. Dr. Tadeu Oliver Gonçalves (UFPA)
Profª. Drª. Tania Suely Azevedo Brasileiro (UFOPA)

Este livro foi aprovado pelo Conselho Editorial.

Dados Internacionais de Catalogação na Publicação (CIP)
Catalogação na fonte

C257

Carrara, Rosângela Martins.
Raízes históricas do ensino das artes no Brasil: organização curricular e formação de professores/Rosângela Martins Carrara – Curitiba: CRV, 2015.
80 p.

Inclui bibliografia
ISBN 978-85-444-0822-3
DOI 10.24824/978854440822.3

1. Educação - escolas 2. Educação escolar 3. Artes – estudo – Brasil I. Título II. Série.

CDD 707

2015
Foi feito o depósito legal conf. Lei 10.994 de 14/12/2004
Proibida a reprodução parcial ou total desta obra sem autorização da Editora CRV
Todos os direitos desta edição reservados pela:
Editora CRV
Tel.: (41) 3039-6418
www.editoracrv.com.br
E-mail: sac@editoracrv.com.br

Mas você fala do autor, que a crítica reinventa quando já é tarde, quando a morte chegou e já não resta nada senão uma massa emaranhada de coisas ininteligíveis; é necessário pôr um pouco de ordem em tudo isso, imaginar um projeto, uma coerência, uma temática que é procurada na consciência ou na vida de um autor que, com efeito, é talvez um tanto fictício. Mas isso não impede que ele não tenha existido, o autor real, esse homem que irrompe pelo meio de todas as palavras usadas, que trazem em si o seu gênio ou a sua desordem.

Seria absurdo, claro, negar a existência do indivíduo que escreve e que inventa. Mas eu penso — e isto pelo menos a partir de uma certa época — que o indivíduo que começa a escrever um texto, no horizonte do qual gira uma obra possível, retoma à sua conta a função do autor: o que escreve e o que não escreve, o que desenha, mesmo a título de rascunho provisório, como esboço da obra, aquilo que ele deixa e que cai como as palavras do dia-a-dia, todo esse jogo de diferenças é prescrito pela função autor, tal como ele a recebe da sua época, ou tal como, por sua vez, a modifica. Pois ele pode muito bem perturbar a imagem tradicional que se tem do autor; é a partir de uma nova posição do autor que ele recortará, em tudo aquilo que ele teria podido dizer, em tudo aquilo que ele diz todos os dias, a todo o instante, o perfil ainda oscilante da sua obra.

FOUCAULT, Michel.

SUMÁRIO

APRESENTAÇÃO 9

PRÓLOGO:
Primeiras palavras 15

CAPÍTULO I:
As raízes do pensamento artístico brasileiro 17

CAPÍTULO II:
Uma visão do pensamento pedagógico artístico 25

CAPÍTULO III:
Da criação da Real Academia de Belas-Artes 31

CAPÍTULO IV:
Da constituição curricular do ensino de desenho 39

CAPÍTULO V:
Da formação profissionalizante à formação
universitária 51

CAPÍTULO VI:
A formação do professor 57

CAPÍTULO VII:
Síntese 65

REFERÊNCIAS 75

SOBRE A AUTORA 79

APRESENTAÇÃO

O ensino das artes no Brasil vem mudando assim como o mundo muda. Prova disso é que o avanço das tecnologias da comunicação e da informação vem gerando transformações profundas no modo de viver, de se comunicar e de formação no mundo. Ou seja, vivemos em uma era tecnológica e essa ferramenta anda a passos largos.

O que era um pensamento, uma possibilidade no início dos anos noventa, no Brasil, hoje é uma realidade. Estamos conectados, como diz Castells, "em rede". Ele (o autor) prenunciou isso em seu livro A sociedade em rede[1]. O que se segue em termos educacionais é uma reviravolta com a chegada da educação a distância que timidamente vem como uma modalidade semipresencial nos cursos de formação de professores para depois ir se assumindo com cursos de formação totalmente a distância. Isso significa uma mudança básica na forma de se pensar a educação superior.

Portanto, atualmente, temos um número considerável de professores sendo formados em cursos de licenciatura na modalidade a distância e com a arte não seria diferente. Vale destacar o currículo de formação, como fica? Para onde caminha? Iniciemos, então, pelo conceito de tempo-espaço, que não é o mesmo do presencial, pois quando falamos de uma formação a distância, falamos de salas de aula virtuais, de alunos de todo o país se relacionando, interagindo e aprendendo de forma cooperativa e colaborativa. Dessa maneira, a figura do professor passa a ser do tutor na modalidade a distância.

Por um lado, na modalidade presencial temos o coordenador de curso, a direção de ensino, os professores e os alunos; já na modalidade a distância, além da direção e coordenação de curso, há o professor-tutor, o professor-conteudista, o design de

---

1   A sociedade em rede, calcada nas novas tecnologias da informação e da comunicação (TICs) mudou a maneira como as pessoas enxergam as oportunidades do mundo e se relacionam. CASTELLS, Manuel. A sociedade em rede. São Paulo: Paz e Terra, 1999.

curso e de currículo, o coordenador pedagógico, o coordenador de áreas, enfim, dependendo da instituição de ensino, outros elementos e categorias se somam. Além disso, não podemos esquecer a figura central de todo esse processo: o aluno, fato que muda substancialmente a propositura de um currículo fechado em conteúdos preconcebidos de forma linear, com uma estrutura rígida e com um conhecimento coisificado.

A educação a distância vem assim fincando sua bandeira principalmente nos cursos de formação de professores e nele encontramos o curso de licenciatura em Artes Visuais.

Esse panorama descortina uma nova visão na história, pois saímos de uma condição essencialmente presencial para uma condição à distância. Ademais, as tecnologias da informação e do conhecimento emergem com força no mundo moderno, aproximam regiões geograficamente distantes e, com isso, há pessoas e mais pessoas no mundo virtual compartilhando temas, músicas, artes, enfim, informações. Assim, a cibercultura é mais uma faceta de um processo.

Nesse livro, já como uma versão revisada e reescrita, vamos adiante com as inovações sem deixar de manter a fase histórica do ensino das artes brasileiras. Dessa forma e devido as várias leituras a que nos submetemos damos início à caminhada para não incorrer no risco do que afirma Xavier (1990), "a ausência de uma visão global e integrada da história pode favorecer interpretações equivocadas" (p. 23). Buscamos, assim, apresentar aos leitores, por meio de uma análise histórica, a constituição de um pensamento artístico pedagógico nacional, desde 1816 com a fundação da Real Academia de Artes e Ofícios do Rio de Janeiro e o que ela representou na ideologia vigente como faceta de um processo. Além disso, queremos também mostrar como a ideologia da época se colocava quanto a função e finalidade da arte no currículo escolar brasileiro e qual o contexto ideológico vigente e sua vinculação direta ou indireta com o pensamento artístico pedagógico nacional.

Com isso, damos início ao estudo da trajetória histórica do ensino da arte nas escolas brasileiras, considerando o papel das artes na educação e o fortalecimento do espaço do ensino de arte na educação, graças ao empenho de especialistas, bem como de associações e teóricos conceituados nacional e internacionalmente que têm trazido à tona mais e mais discussões a respeito da importância do ensino da arte na escola, como podemos ver nos congressos, seminários, encontros que se dissipam pelo país. Paralelamente a isso, o governo federal endossa o fortalecimento da arte no ensino brasileiro com o lançamento dos Parâmetros Curriculares Nacionais – Arte (1996) e na sequência com as Diretrizes Curriculares – Artes. Barbosa (1991) grande incentivadora da área com suas pesquisas e suas publicações, contribuiu sobremaneira ao avanço a que ora assistimos, ela com o propósito de fortalecer o ensino da arte na educação, afirma que a leitura social, cultural e a estética do meio ambiente é que dão sentido a leitura verbal do mundo, formando integralmente o cidadão na sociedade.

  O estudo sobre as formas do ensino de arte, desde seu aparecimento e no curso de sua evolução nos ajuda na compreensão das transformações ocorridas nesta área, os fatores que ocasionaram as mudanças de conteúdo, contextualizando de tempo em tempo sua inserção ou não inserção e suas relações socioculturais. A luta pelo acréscimo de conteúdos artísticos no currículo escolar brasileiro está ligado a própria identidade cultural como elemento formador dessa, uma vez que, como afirma Barbosa (1991) por trás de cada estrutura curricular está uma concepção de cidadão e que "não é possível o desenvolvimento de uma cultura sem o desenvolvimento das suas formas artísticas" (p. 5).

  Ao responder às questões que se colocavam como quais eram as razões do desprezo pelas funções da arte na escola? O que caracterizava a evolução do pensamento artístico pedagógico brasileiro? E por que o desinteresse dos que estavam de uma forma ou de outra engajados no ensino da arte, pelas reflexões metodológicas?, por conta de uma arte menosprezada no sistema educacional brasileiro, encontramos em Barbosa (1991) ao nos apontar o ensino da arte, vinculado à educação e que designado como arte-educação, denunciava e apontava a um binarismo conceitual de duas áreas: educação e trabalho.

Próprio da forma como no passado era designado o estudo das artes (QUEIROZ, 2001) mais precisamente na Idade Média, a Sociedade de companheiros de ofícios foi criada a partir da crença de que as escolas profissionalizantes não preparavam adequadamente o jovem aprendiz para o futuro num atelier com ritmo e cadência próprios desse lugar (BAYARD, 1997). Essas associações com o tempo ganham fama e notoriedade pelo seu rigor e passam a ser conhecidas como instituições oficiais sem nunca terem sido. Eram recrutados jovens aprendizes que demonstrassem habilidades manuais com pedra, madeiras, ferro, couro. Assim, formavam o aprendiz a partir de uma formação global preparando-o para o ofício da arte.

A separação entre teoria e prática no mundo do trabalho, como afirma Queiroz (2001), foi esgarçada ao máximo durante os séculos e, no final do século XIX, com o processo de industrialização (DE MASI, 1999) havia aberto um debate em torno da Arte, contrapondo o mundo das ideias ao mundo material. Em um se centrava o processo criativo e no outro a técnica, diferenciando o artista do artesão. Na Alemanha, século XX, viu florescer uma reaproximação entre as atividades do artista e do artesão com o nascimento, por Walter Gropius, da Escola de Artes e Ofícios Bauhaus, que tinha por propósito por fim a separação entre o artístico e o técnico com a colaboração de artistas e intelectuais com habilidades e competências diversificadas que comungavam como ele de um ideal de formação de artistas, com alta capacidade técnica. A Escola Bauhaus é a responsável pela superação da arte clássica – acadêmica para uma arte artística e técnica, ligada a uma "visão de mundo industrial associada à produção de qualidade" (QUEIROZ, 2001 p. 27).

Buscando clarificar o presente e analisando o passado do ensino da arte pretendemos esclarecer algumas concepções distorcidas acerca da função da arte na educação brasileira, que conforme enunciadas pela sociedade, consideram-na como um adorno social, ou uma atividade alienante. Já no passado, o ensino de arte desempenhou um importante papel no processo de transformação do sistema educacional, uma vez que, nos momentos de crise do sistema educacional, a arte-educação torna-se um instrumento de alavanca para ajudar a definir mudanças, muito mais no Brasil, do que em outros países, pois, como afirma Barbosa (1991, p. 41), "...a arte foi nosso primeiro elemento de autoidentificação nacional.", mesmo sendo poucos os princípios incorporados ao sistema, a arte, volta à periferia e a ser considerada como um "babado cultural".

A arte escapa dessa menção nacional que a envolveu, impulsionada pelas tecnologias da informação e do conhecimento, amplia os saberes antes reservados ao currículo de formação e cresce como área do conhecimento e chega até os bancos escolares em diferentes formatos e de diversas formas de expressão.

Como educação para a vida se consagra com atividades manuais sem objetivo e sem um planejamento que considerasse o desenvolvimento cognitivo do sujeito aprendiz, a forma de avaliação se resumia a terminar ou não a tarefa estipulada para aquela aula ou sequência de aulas.

Dessa forma de se expressar e sendo decretado pelo Congresso Nacional e sancionada pelo então Presidente da República João Goulart a lei nº 4.024 de 20 de dezembro de 1961 inicia uma nova fase para o ensino das artes com a iniciação artística e o desenho no currículo escolar, superando os modelos anteriores, o monárquico com aprendizagem por meio da mímesis, o republicano com a democratização do ensino da arte na escola regular e a valorização da arte infantil, para com a lei 5.692 de 1971 uma maior liberdade para o ensino da arte nas escolas com a prática da polivalência, assim sucessivamente na década de 80 ecoam através dos professores sobre as práticas e teorias da educação em arte. Dessa maneira, na década de 90, mantém-se a continuidade do ensino da arte para a educação básica estabelecendo com a lei 9.394/1996 os Parâmetros Curriculares Nacionais de Artes.

PRÓLOGO:
Primeiras palavras

O início é sempre o início, pensamos que um projeto de escrever uma história é algo simples, mas não é. Caminhar pela história e se ater nela o suficiente para poder transmiti-la aos leitores por ela mesma é uma tarefa complexa, já que exige pesquisa e, consequentemente, tempo. Além disso, como vivemos em uma época onde a tecnologia praticamente nos atropela, corremos o risco de, ao lançarmos esse livro, ele já tenha se tornado obsoleto. Torçamos para que não.

A motivação para essa pesquisa nasceu ao nos depararmos com uma investigação durante o mestrado sobre a formação do professor de artes. Na busca pela análise do currículo de formação, encontramo-nos com poucas referências, a não ser a legal. Mesmo assim, a busca teve que passar pelos labirintos de armários e arquivos amarelados e empoeirados de bibliotecas.

De qualquer forma, movidos pelo desejo de continuidade, fomos nos aprofundando até termos uma boa quantidade de material bibliográfico e documentos legais, como suporte para a narração das raízes históricas do ensino das artes no Brasil.

Dessa forma, esperamos que esta obra contribua com as demais pesquisas que se façam a partir da educação da arte brasileira, bem como que sirva não só de ostentação às prateleiras de livrarias e bibliotecas, mas que seja uma obra de referência na área, além de servir de motivação aos leitores leigos em sua busca por conhecimento, informação e lazer.

Boa leitura!!!!!

A autora

CAPÍTULO I:
As raízes do pensamento artístico brasileiro

No campo da história da educação buscamos com Romanelli (1989), Azevedo (1953), entre outros, e alguns documentos legais, as raízes do pensamento artístico pedagógico nacional, desde a época colonial com a família patriarcal, favorecendo a importação de formas de pensamento e ideias dominantes na cultura europeia, por meio das obras dos Jesuítas, uma vez que a classe dominante detinha tanto o poder político e econômico quanto os bens culturais importados, como forma de distinção da população nativa, negra e mestiça existente à época. Assim, além da sociedade latifundiária e escravocrata, tornou-se uma sociedade aristocrática, com a Companhia de Jesus contribuindo significativamente para isso devido a sua obra educativa, que se favorecia da organização social e do conteúdo cultural importado.

Assim, a educação que se transmitia à época não tinha a preocupação de uma vinculação com a vida da Colônia, mas sim em dar cultura geral básica, já que não havia necessidade de qualificação profissional, portanto, ela era voltada para a parte literária, humanista, como convinha a educação jesuítica porque, segundo Sodré, "não perturbava a estrutura vigente, subordinava-se aos imperativos do meio social, marchava paralelamente a ele. Sua marginalidade era a essência de que vivia e se alimentava." (1984, p. 15). Portanto, aos humanistas interessava o "homem culto", na Europa, encastelara-se o espírito da Idade Média, com desinteresse pela ciência e repugnância pelas atividades técnicas e artísticas.

Dessa forma, a educação jesuítica acaba cedendo lugar à de elite que culmina com a expulsão dos jesuítas no século XVIII, com isto se exclui o povo e o Brasil passa a ser por muito tempo um país da Europa, com "uma cultura intelectual transplantada, alienada e alienante" (ROMANELLI, 1989, p. 35).

Foi essa educação jesuítica e transformada em de elite, que atravessou todo o período colonial, imperial e o republicano, sem que houvesse modificação estrutural, apesar de a demanda social de educação aumentar, atingindo as classes baixas da população obrigando a ampliação da oferta escolar. Isto porque a educação passa a ser vista como forma de acesso ao *"status quo"*, tornando-se símbolo da própria classe, "[...] já não era somente pela propriedade da terra e pelo número de escravos que se media a importância ou se avaliava a situação social dos colonos: os graus de bacharel e os de Mestre em Artes (dados pelos Colégios) passaram a exercer o papel de escada ou de ascensor, na hierarquia social da Colônia, onde se constituiu uma pequena aristocracia de letrados, futuros teólogos, padres-mestres, juízes e magistrados" (AZEVEDO, 1953, p. 31).

Essa educação acadêmica e aristocrática possibilitou a construção do poder na Colônia, assim a grande propriedade, o mandonismo e a cultura transplantada e expandida por meio da educação jesuítica oportunizaram o fortalecimento e os laços desse poder. Com isso e as ideias provindas do enciclopedismo que eram anticlericais, os jesuítas são expulsos do País (1759), ficando uma lacuna de 13 anos na educação brasileira, apesar de o pensamento jesuítico permanecer por meio dos seminários para a formação do clero e dos colégios para a formação de sacerdotes.

Com a Reforma Pombalina, o estado assumiu, pela primeira vez, os encargos educacionais recrutando professores leigos para o ensino, com diversificação das disciplinas isoladas, acabando com a uniformidade da ação pedagógica. Assim, o ensino, em suas bases, não mudou, ou seja, continuou com os mesmos métodos pedagógicos autoritários, abafando a originalidade, a iniciativa e a criatividade, para em seu lugar, usar a submissão, a repressão.

Já no século XIX, no Brasil, com a mineração, surge a classe burguesa cuja presença é mais acentuada na zona urbana, onde se radicou e chamava atenção pelo seu comprometimento político. Foi no período da Regência, o mais conturbado do século, que essa classe ascende, como na Europa, a qual teve um desempenho político importante no Brasil Monárquico e nas transformações pelas quais passou o país no final do século, graças à educação escolarizada.

Com a ascensão social, a burguesia esbarra com a classe dominante, nas relações de dependência com essa classe. Assim, a primeira se liga às classes superiores para alcançar ocupações distintas, como as funções administrativas, burocráticas, intelectuais. Assim, é por meio do ensino que a burguesia procura aquilo que serve à classe dominante como meio de ascensão, pois essa é a maneira de estar com eles, no meio deles. Portanto, mesmo tendo duas classes distintas, o tipo de educação permanecia o mesmo para ambas: a educação das elites rurais.

Dessa forma, é através da ruptura da classe superior com a burguesia, que mesmo sendo subserviente aos dominantes, os burgueses se caracterizam por seguir ideais liberais então dominantes na Europa. Com tal ruptura, os ideais burgueses vencem a ideologia colonial, com a abolição da escravatura, a proclamação da República e a implantação do capitalismo industrial posteriormente.

A Escola que predominou nessa ordem social foi nos deixada pela herança colonial, em alguns seminários episcopais, escolas primárias e médias. Dentre os quais, o Seminário de Olinda, fundado em 1800, pelo Bispo Azeredo Coutinho.

Com o Príncipe Regente D. João VI, criaram-se os primeiros cursos superiores não teológicos na Colônia, como a Academia Real da Marinha e a Academia Real Militar, entre outros, trazendo para a Colônia opções diferentes em matéria de ensino superior. Com a vinda da Missão Francesa, teve a criação da Real Academia de Desenho, Pintura, Escultura e Arquitetura-Civil, em 1820, transformada depois em Escola Nacional de Belas Artes. Com D. João VI, inicia-se um processo de autonomia, que culminará na independência política do Brasil.

Assim, com a preocupação de elitizar-se a burguesia, abandona-se o ensino primário e médio em favor do ensino superior, fortalecendo o objetivo colonial, ou seja, a tradição da educação aristocrática. Nesse tempo, "[...] lançaram-se as bases para uma revolução cultural que, embora lenta, culminou de certa forma na introdução de hábitos de pensamento e ação que vigoravam na Europa do século XIX e compuseram a ideologia da burguesia brasileira em ascensão, no final do século" (ROMANELLI, 1989 p. 39). Com a necessidade de o país ter de preencher o quadro geral da administração e política, os letrados, assumem importância, durante a monarquia.

O ensino superior, o jurídico, de currículo universalista e humanista, influenciou toda estrutura do ensino secundário e contava com o apoio da população escolar, em razão do ensino secundário se destinar ao preparo dos candidatos ao ensino superior. Avesso a todo tipo de ensino profissionalizante, o ensino secundário no Brasil, constituiu um fator de atraso cultural de nossas escolas.

A descentralização ocorrida com o Ato Adicional de 1834 propiciou serem os colégios secundários de particulares acentuando, assim, mais o caráter classista e acadêmico do ensino, sendo somente as famílias de renda que poderiam pagar educação aos seus filhos. Com a pressão existente pela classe dominante, os cursos secundários passam a ser meros cursos preparatórios para o ensino superior, ocorrendo com isso a não obrigatoriedade de frequência e a inscrição por disciplina, acabando com a seriação, dessa forma se vê quão propedêutico e seletivo se tornou o ensino secundário no Brasil.

A educação popular estava abandonada. A escola média minimizada voltada somente para o exercício de funções, dando-se importância a retórica, em detrimento da criatividade. A cultura, portanto, transmitida, era aristocrática, em função das necessidades da sociedade escravista.

A instituição escolar, após a República, calcada no princípio da dualidade social, aos poucos iria ter seus alicerces comprometidos pelo crescimento dessas camadas, ou seja, se de um lado tal princípio representava a sociedade escravocrata, representava também a continuação dos antagonismos em torno da centralização e descentralização do poder. Conscientes dessa dualidade, a Primeira República tentou várias reformas, sem muito êxito, como a Reforma Benjamin Constant, que previa, entre outras coisas, a criação do Pedagogium, inclusão de disciplinas científicas, ensino seriado, ensino superior, artístico e técnico. Houve, outras reformas, como a Lei Orgânica Rivadávia Corrêa, em 1911; a reforma Carlos Maximiliano; a reforma Rocha Vaz, em 1925. Todas essas constituíram em tentativas de pensamento isolado e desordenado dos comandos políticos que nem sequer representavam uma política nacional de educação. Culturalmente e politicamente, não houve preocupação na transformação radical no sistema de ensino, no sentido de provocar uma renovação intelectual das elites culturais e políticas do país tão necessárias às novas instituições democráticas.

Com a vitória do federalismo, que dava plena autonomia para os Estados, acentuou tanto no plano econômico quanto no educacional as disparidades regionais. Esse liberalismo político e econômico, acabou se transformando num liberalismo educacional, promovendo desigualdades socioeconômicas e culturais "...das diversas regiões do país, o que, evidentemente, redundou na impossibilidade de se criarem uma unidade e continuidade de ação pedagógica" (ROMANELLI, 1989, p. 43).

Assim, enquanto em algumas regiões, como o sudeste do Brasil, principalmente São Paulo, vemos a cultura tomando impulso, o restante dos Estados seguem "sem transformações profundas, as linhas do seu desenvolvimento tradicional, predeterminadas na vida colonial e no regime do Império" (AZEVEDO, 1953, p. 119).

A Primeira República se primou pela demanda educacional que caracterizava bem as necessidades da população, representando as exigências educacionais de uma sociedade, cujo índice de urbanização e industrialização eram baixo. Portanto, a educação acadêmica e aristocrática que ainda permanecia e a falta de interesse pela educação popular fundavam-se na estrutura e organização da sociedade, até ocorrer a ruptura, quando, então, o sistema educacional começa a tomar outros rumos, ou seja, no campo das ideias, com movimentos culturais e pedagógicos em favor de reformas mais profundas; no campo das aspirações sociais, com a demanda escolar impulsionada pelo ritmo acelerado de urbanização e industrialização após a I Guerra e, depois de 1930, ocorrem as mudanças.

Em síntese, este período determinou-se por uma educação ofertada à população brasileira correspondente às exigências da sociedade por uma herança cultural importada de modelos da Europa, por uma estratificação social, dual à época colonial, por uma demanda social que procurava na educação uma forma de adquirir e manter o *"status"* podendo-se, assim, afirmar que a educação escolar com origem na ação pedagógica dos jesuítas correspondia às necessidades da sociedade como um todo. Percebendo-se, portanto, uma defasagem entre educação e desenvolvimento entre os produtos oferecidos e a demanda social e econômica de educação.

O ensino brasileiro se confronta com uma grande procura por parte da população, frente a uma oferta pequena, gerando desequilíbrio no sistema educacional vigente, assim como, economicamente, o país começa a entrar em desequilíbrio, por ainda manter um modelo exclusivamente agrário-exportador, contra um modelo urbano-industrial, resultando daí em pressão à escola, pois se necessitava gerar recursos humanos para atender à demanda social. Com isso, a crise se manifestou, "sobretudo pela incapacidade de as camadas dominantes reorganizarem o sistema educacional, de forma que atendesse harmonicamente, tanto à demanda social de educação, quanto às novas necessidades de formação de recursos humanos exigidos pela economia em transformação" (ROMANELLI, 1989 p. 46).

O desequilíbrio apresentado foi primeiro de ordem quantitativa, ou seja, a pequena oferta, baixo rendimento e discriminação social do sistema; o segundo foi de ordem estrutural, pela expansão de um tipo de ensino que já não correspondia às necessidades criadas pela expansão econômica e estratificação social diversificada. Em consequência, a educação passa a desempenhar um papel conservador e alienante, na ordem social e econômica heterogênea brasileira, resultando num grau de profundidade e abrangência das mudanças ocorridas, durante o período de 1930 a 1964.

Esta fase caracteriza-se por um equilíbrio estável entre modelo político getuliano, que tinha tendências populistas, e o modelo de expansão industrial, pois, o modelo político tinha sua contrapartida no modelo econômico, com o apoio da classe empresarial e das Forças Armadas à política de compromissos de Vargas. Até que, com a penetração de capital internacional, houve um rompimento com esse equilíbrio, perdendo Vargas o apoio das Forças Armadas e da classe empresarial. Com Kubitschek, há um distanciamento entre modelo político e expansão econômica, com abertura para o capital estrangeiro.

Com o movimento de 64, as lideranças, em termos de uma orientação dos rumos do desenvolvimento da política e da economia, tentam eliminar os obstáculos que se interpunham à inserção definitiva do controle do capital internacional.

No entanto, é com a Reforma Francisco Campos, em princípio, e depois com as Leis Orgânicas do Estado Novo, que se cria um sistema nacional de educação, organizando o antigo padrão de ensino superior, em conglomerados, que se chamou de Universidade, com autonomia colocada e conquistada como reflexo dos anseios da burguesia empresarial e das camadas médias. Com o reforço da autonomia, prevista na reforma Francisco Campos, não se levou em conta que o ensino superior ainda era para poucos, monopólio das elites conservadoras, educadas segundo o velho padrão de ensino superior, propiciando a criação de "feudos" do saber.

Com a penetração maciça de capital internacional, a universidade, não tem condição de atender, nem as pressões da demanda, "[...] que crescia em função da decadência das formas tradicionais de manutenção de *status* de classe média,

[...]" (ROMANELLI, 1989, p. 256) nem as pressões das empresas para formação de recursos humanos.

Assim, a crise do sistema educacional aparece aqui representada pela crise da Universidade, no final dos anos 50 e década de 60. Além disso, a criação da Lei de Diretrizes e Bases atendeu mais a interesses de ordem política do que interesses sociais e econômicos. Após 64, a redefinição de um processo político e de um modelo econômico agrava ainda mais a crise na educação, com a polarização de interesses, na qual os interesses sociais pressionavam o sistema em direção a inovações e expansão de oportunidades, enquanto o Estado limitava a oferta de ensino, freando as inovações iminentes e a política econômica adotada, com a argumentação de estar em fase de "recuperação".

A modernização do sistema educacional teve como função integrar o Brasil na expansão do capitalismo ocidental, mantendo-o na sua posição periférica atendendo, portanto, a apelos internos e externos, atuando o setor interno como mediador do externo. Mas, nem sempre é isto o que ocorre: surgem as divergências, mais o fato de o setor externo atuar em função do comportamento das estruturas de dominação interna, mais o jogo político daí decorrente, possibilitando o setor interno de fazer opções por um desenvolvimento mais independente, reforçando a tese de que a escolha sempre é de ordem política.

Com a modernização, a Universidade acaba por perder a sua autonomia, o que vem de encontro aos desejos tanto do setor interno quanto do externo, ou seja, a despolitização, a eliminação de lideranças políticas, que antes era foco na Universidade, tem como consequência a eliminação da participação social. Assim, a modernização ajudou a mudar o setor político, a expansão econômica, com vistas ao desenvolvimento do capitalismo e ainda tem colaborado para que o produto acabado da Universidade e o ensino de modo geral mantenham o país, enquanto processo, na periferia.

CAPÍTULO II:
Uma visão do pensamento pedagógico artístico

A partir do histórico contextual do Brasil Colônia até a modernidade, mostraremos a situação político-econômica e social do país, sem entrarmos nas questões ideológicas. Neste capítulo, trataremos das questões a que se propõe o trabalho, sobre o ensino de artes no Brasil, mais precisamente, sobre o pensamento pedagógico artístico nacional de lá para cá.

Com o primeiro surto industrial que alcançou o país no final do século XIX, é que se começa a pensar em arte-educação. O processo de industrialização, mais as mudanças nos planos político-sociais, como a abolição da escravatura e a substituição do Império pela República, objetivavam a preparação para o trabalho, na tentativa de reformular e organizar o país. Com isso, importou dos Estados Unidos, as ideias de Walter Smith, por seu trabalho se identificar com a formação profissional, já que ele era diretor de arte-educação em Massachusetts e autor de vários livros de desenho, que passaram a ser utilizados pelos educadores brasileiros.

Segundo Barbosa (1991), em seu livro *Arte-Educação: Conflitos e Acertos*, foi Abilio César Pereira Borges quem introduziu os métodos de Smith os quais acabaram se tornando a base para o ensino do desenho na escola primária e secundária, por quase trinta anos, sendo somente contestados, depois da Semana de Arte Moderna, com Anita Malfatti, por estar voltada para o método expressionista do seu professor Homer Boss e com Mário de Andrade, que trabalhava com crianças, à semelhança de Franz Cizek, escrevendo artigos sobre a arte da criança e pesquisando sobre expressão infantil, com um curso de história da arte na Universidade Federal do Distrito Federal.

Apesar de todo esse movimento, o trabalho de livre-expressão só alcançou a escola pública nos anos 30, quando ocorre a mudança de oligarquia para democracia, exigindo reformas educacionais. Com o movimento escolanovista, o sistema educacional, passa por mais uma transformação. Os líderes do movimento, influenciados por Dewey, Claparède e Decroly, afirmavam a importância do ensino de artes na educação para o desenvolvimento da imaginação, intuição e inteligência da criança. Com isso, o movimento para incluir arte como livre-expressão nas escolas públicas estava alcançando o seu êxito, quando começa o período de repressão, decretado pelo Estado Novo.

Historicamente, a educação no Brasil pode ser concebida como uma história de influências e de dependência cultural, sendo que a primeira serve a um determinado grupo para atender às necessidades e solucionar problemas de um determinado campo, já a segunda é imposta explicitamente ou insidiosamente. Essa dependência tanto econômica quanto política reflete uma dependência educacional. Vemos isso acontecer quando do processo de industrialização, que se quis determinar como um país de terceiro mundo, ou um país em desenvolvimento. Sabemos ainda, pelo exposto na primeira parte deste trabalho, que um conceito de dependência prevê uma metrópole que controla, domina e explora países periféricos. Colocando o país numa situação de dominado, frente a países dominantes, em face de uma situação globalizadora.

Após a II Guerra Mundial, os países periféricos passaram a ser explorados sutilmente pelas metrópoles, por meio da dominação de seu sistema de produção e distribuição. O sistema educacional, então, torna-se dependente. Assim, a metrópole, transmite seus modelos aos países periféricos, que por sua vez, estabelecem padrões de organização ao sistema educacional, limitando a novas formas de desenvolvimento institucional. Com isso, os grupos dominantes dos países periféricos mantêm os mesmos valores e aspirações da metrópole, por meio da educação, impossibilitando a criação em países periféricos, de seus próprios valores, pois, "quanto mais o cidadão é treinado para o consumo de pacotes, isto é, de mercadorias e serviços previamente embalados e ideologicamente acondicionados, menos eficaz ele se torna para delinear e transformar seu meio ambiente" (ILLICH, 1970 p. 162).

Essa estrutura de dependência acabou gerando uma alienação em todo o sistema educacional na América Latina, tornando-nos incapazes de moldar nossa própria cultura, por não sermos livres para determinar nosso sistema de valores, sendo oprimidos, incapacitados de decidir, por absorvermos pacotes prontos, numa dependência até em termos de aprovação, implicando numa renúncia da consciência social. "Nossa consciência social tem sido escravizada por modelos educacionais vindos de fora a tanto tempo que sofremos atualmente de uma espécie de amnésia crítica" (BARBOSA, 1984 p. 35), em um mascaramento deliberado de influências externas feito pelos ditadores educacionais brasileiros, com sucesso, graças ao sufocamento da consciência crítica dos professores, que se transformam, inconscientemente, nos veículos que cristalizam o comportamento, o pensamento e o desenvolvimento institucional na garantia da continuidade da dependência, disseminando a ideia de um nacionalismo exaltado, fazendo crer aos professores de arte que são os criadores de seus próprios modelos. Velando a consciência desse professor para que ele não se dê conta que esse nacionalismo representa uma regressão ao eufemismo do começo do século: a exaltação da beleza natural do país, a glorificação da terra e seus heróis oficiais e outros como cita Barbosa em seu livro.

Para se pensar na independência, é preciso supor um instrumento de conscientização dos educadores que poderá constituir uma análise histórica do sistema educacional brasileiro para um processo de transformação, modernização e inovação do sistema, para que se possam detectar os agentes controladores e desvendar o caminho da invasão cultural e, assim, tomar consciência de estar vivendo esse processo. No entanto, as análises existentes sobre o sistema educacional mostram que os modelos importados implicam uma renúncia da consciência social, com falta de consciência histórica, levando os professores e intelectuais de artes a valorizarem uma influência em detrimento de outra, não se dando conta, que não podemos aceitar distinções qualitativas entre cultura invasoras, em uma manifestação de autodesvalorização do povo oprimido, convencido de sua inferioridade cultural.

Portanto, no Brasil, uma compreensão histórica da educação seria importante no sentido de despertar o cidadão para o entendimento do "*status*" de dependência cultural numa luta consciente contra o que Freire determina como "a cultura do silêncio". Conhecer a história torna-se indispensável para se pensar num movimento de mudanças sociais, pois uma análise histórica dá-se a conhecer o presente, clarificando "[...] um mundo de símbolos cuja significação dá concretude à análise dos problemas" (BARBOSA, 1984, p. 39).

Essa dependência cultural, ocorre no momento em que se minimiza a criação nativa, chamado barroco brasileiro, contra um modelo de arte chamado "neoclassicismo" que aporta em nosso país com a Missão Francesa. No Brasil, a arte foi o primeiro signo nacional, e o barroco brasileiro foi o primeiro produto cultural do país, mesmo sendo sua inspiração de origem portuguesa, nele vimos a força da criação nativa, com características nacionais próprias, abafados, porém, pelo modelo estrangeiro – o neoclassicismo – que juntamente com a Missão Francesa, desembarcavam no país, prejudicando a formação de uma consciência artística nacional, provocando preconceitos nas classes populares contra o ensino de artes, afastando o povo da produção artística e gerando a alienação, naquele momento histórico.

Nessa análise histórica, vimos que com as mudanças sociais, como a da monarquia para a república (1870-1901) e a da oligarquia para a democracia (1927-1939), algumas modificações com maior ou menor ênfase no ensino das artes foram importantes como fator de transformação desse processo. No primeiro período, houve uma preocupação com a inclusão do desenho na escola, pelos reformistas educacionais, que viam a educação como preparação para o trabalho e o desenho como a forma mais adequada para esta preparação, seguindo uma ideologia liberal, que se instalava então no país.

No currículo, o desenho ocupava o primeiro lugar. Neste primeiro período, os educadores liberais se guiaram pelas ideias do educador inglês Walter Smith, de Massachusetts, que já tinha um trabalho bem-sucedido no ensino de desenho. No segundo período, foram as ideias do norte-americano John Dewey, que dominaram as reformas na educação e no ensino de artes no país. Mesmo não sendo a arte, a principal preocupação dos reformadores da educação escolanovistas, ou seja, as discussões sobre a arte nas escolas, conquistou, no início da década de 30, o mesmo espaço de outras disciplinas.

John Dewey inspirou e determinou os padrões da arte-educação no Brasil, por meio de legislação oficial, até mais ou menos 1958, mesmo com a entrada dos trabalhos de Viktor Lowenfeld, nas escolas particulares primárias, secundárias e escolinhas de arte. Já nos anos 60, houve um movimento de construção e adoção de modelos autóctones de educação e de arte-educação, baseados nas teorias e modelos freirianos e nas atividades da Universidade de Brasília.

Após a instalação do regime militar em 1964, com a repressão, muitos educadores brasileiros foram exilados do país, levando-nos de volta a um sistema modelado, com tendências americanas, inglesas e francesas.

Dessa forma, a evolução do ensino da arte no Brasil foi uma tentativa de recuperação do modelo nacional destruído no século XIX, com a chegada da Missão Francesa, com modelos importados com adaptações nacionais, buscando-se um modelo nacional, que com o golpe de 64, se vê abafado.

CAPÍTULO III:
Da criação da Real Academia de Belas-Artes

A preocupação com a organização do ensino da arte na educação superior, antecedeu a sua organização a nível primário e secundário, como nos mostra a história, refletindo uma tendência geral da educação brasileira, envolvida desde o início do século XIX, com a educação no ensino superior, pois era fonte de formação de recursos humanos, tão necessários à época, que servia aos interesses da elite dominante, no sentido de forma-la para defender a colônia de invasões e que movimentasse culturalmente a Corte, durando até os primeiros anos da República. Foi neste contexto histórico que se formou o pensamento educacional brasileiro, justificando a fundação das primeiras instituições de ensino superior como sendo dos militares, dos cursos médicos e da Real Academia de Belas-Artes, criada pelo Decreto-Lei de 1816, mas que só começaria a funcionar a partir de 1826, no estado do Rio de Janeiro, durante o Reinado.

Com a República, o ensino de Direito passa a ser considerado prioritário, no sentido de formar a elite dirigente do país, relegando o ensino da arte, simbolizado pela Real Academia de Belas-Artes, na função de adorno do Reinado e do Império, impregnado pelo neoclassicismo, servindo à conservação do poder.

Para entendermos como isso se deu, é necessário voltarmos para a criação da Real Academia de Belas-Artes. Os organizadores da Academia, eram franceses, membros da Academia de Belas-artes do Instituto de França, bonapartistas convictos. Lebreton era líder do grupo fundador que se apresentou ao Brasil como Missão Francesa. Era secretário perpétuo do Instituto de França e diretor da Seção de Belas-Artes do Ministério do Interior daquele país, responsável por instalar no recém-criado Museu do Louvre (1793), o acervo resultante da vasta espoliação de Napoleão Bonaparte nos países conquistados. Com a queda de Napoleão, os bonapartistas caíram em desgraça, uma vez que os Bourbon reassumem o poder.

Na mesma época, Alexander Van Humboldt (1769-1857), naturalista alemão, que já estivera no Brasil, é convidado pelo embaixador de Portugal na França, a organizar o ensino da arte no Brasil juntamente com uma pinacoteca. Lebreton, então, se encarrega de organizar o grupo formado por Joachim Lebreton (1760-1819), Jean-Baptiste Debret (1768-1848), Nicolas Antoine Taunay (1755 – 1830), Grandjean de Montgny (1775-1850), Auguste Marie Taunay (1768-1824), Charles Pradier (1786-1848), entre outros, com o objetivo de fundar e pôr em funcionamento a Escola Real de Ciências, Artes e Oficio, designada pelo decreto de 12 de agosto de 1816, mudando depois para Academia Real de Desenho, Pintura, Escultura e Arquitetura civil, pelo decreto de 12 de outubro de 1820, depois para Academia Imperial de Belas-Artes em 1826, e, finalmente após a proclamação da República, para Escola Nacional de Belas-Artes.

No Brasil, o ódio contra os bonapartistas era grande, em virtude de Portugal estar subordinado a influências inglesas. D. João VI, príncipe regente de Portugal, fugiu a responsabilidade pública de ter oficialmente patrocinado a vinda dos artistas franceses por meio de autoridades competentes de Paris. A oposição política acaba sendo uma das influências na configuração do preconceito contra o ensino da arte no Brasil, mais Portugal, não ter uma Academia de Artes de tão alto nível, como a projetada por Lebreton no Brasil, sem contar do preconceito de ordem estética, pois, os membros da Missão

Francesa eram neoclássicos, contra o barroco-rococó, existente no país. Havia, sim o Brasiliense[2], Manoel Dias (1764-1837) e Mestre Valentim (1745-1813),dois casos de neoclassicismo, na Arte Brasileira.

Para um país, onde além de importar os modelos, ainda se faz com atrasos, o modernismo instalado com a chegada do neoclassicismo provocou suspeição e arredamento popular em relação à Arte, sem contar, que aqui chegando, a Missão Francesa já encontrou uma arte distinta das outras, feita por artistas humildes que conseguiram quebrar a uniformidade do barroco importado, dando-lhe traços originais, uma arte brasileira. Portanto, o neoclassicismo encontra eco apenas na burguesia, já que interessava como forma de ascensão, de classificação, "eles encontram na atividade intelectual tanto de caráter político como de caráter estético condições de ascensão social de classificação que lhes são negadas em outros campos" (SODRÉ, 1972 p. 24).

O neoclassicismo como arte, no Brasil, servia aos ideais da aristocracia, da burguesia e da monarquia. Mesmo assim, havia dificuldades para conseguir alunos para a Academia porque a elite frequentava cursos na Europa, onde docilmente eram treinados, alienados, fundidos e confundidos, afastando o povo e a arte, mexendo também com uma variante de ordem psicossocial, ou seja, o mestiço brasileiro encontrou no barroco formas de expressar sua emotividade e seu sensualismo, de maneira autêntica, reforçando com o neoclassicismo o preconceito de que a arte era uma atividade supérflua, servindo aos interesses burgueses, um acessório da cultura, como se vê implícito no Decreto de 1816, assinado por D. João VI, quando da fundação no Rio de Janeiro da Real Academia de Ciências, Artes e Ofícios "[...]*para que nela se promova e difunda a instrução*

---

2   Epíteto.

e conhecimento indispensáveis aos homens destinados não só aos empregos públicos de administração do Estado, mas também ao progresso da agricultura, mineralogia, indústria e comércio de que resulta a subsistência, comodidade e civilização dos povos, mormente neste continente, cuja extensão não tendo ainda o devido e correspondente número de braços indispensáveis ao aproveitamento do terreno, precisa de grandes socorros da estética para aproveitar os produtos cujo valor e preciosidade podem vir a formar do Brasil o mais rico e opulento dos reinos conhecidos[...]", caracterizando a Arte como acessório, e não como uma atividade com importância em si mesma.

Mesmo assim, e como instrumento de mobilidade social, as artes plásticas não tinham tanta importância quanto às artes literárias. Isso se deu, pela educação jesuítica, que moldou o espírito nacional, colocando como ápice na sua escala de valores as atividades literárias, menosprezando as atividades manuais que se aproximavam das Artes Plásticas pela natureza de seus instrumentos.

Embora o ensino jesuítico estivesse ausente das atividades educativas, seu eco se fez sentir com a vinda de D. João VI, da Missão Francesa e, talvez, até os dias de hoje, em função de nenhum sistema de ensino ter se estruturado para substituir a rede escolar jesuítica, que tão bem se organizou. O ensino jesuítico, primava pela retórica e pela literatura, assim como Platão, separavam "as artes liberais dos ofícios manuais ou mecânicos, próprios dos trabalhadores escravos que, vindos da África, foram explorados no Brasil durante três séculos" (BARBOSA, 1984 p. 22).

O ensino jesuítico, era muito bem estruturado e se compunha de quatro cursos delineados no RATIO STUDIORUM[3], do Padre Geral Claudio Aquaviva, de 1599. O curso de Letras Humanas foi o que se propagou no Brasil e consistia de: gramática, retórica e humanidades, as quais correspondiam ao Trivium[4], ou melhor, ao currículo das artes literárias ou letras da Paideia, que consistia de gramática, retórica e dialética, deixando o currículo de Ciências quase inexplorado (o *Quadrivium*[5]). Além disso, nas escolas de homens livres as atividades manuais eram rejeitadas e nas missões indígenas

---

3   Conjunto de normas criado para regulamentar o ensino nos colégios jesuíticos. Sua primeira edição, de 1599, além de sustentar a educação jesuítica ganhou status de norma para toda a Companhia de Jesus. Tinha por finalidade ordenar as atividades, funções e os métodos de avaliação nas escolas jesuíticas. Não estava explícito no texto o desejo de que ela se tornasse um método inovador que influenciasse a educação moderna, mesmo assim, foi ponte entre o ensino medieval e o moderno. Antes do documento em questão ser elaborado, a ordem tinha suas normas para o regimento interno dos colégios, os chamados Ordenamentos de Estudos, que serviram de inspiração e ponto de partida para a elaboração da Ratio Studiorum. A Ratio Studiorum se transformou de apenas uma razão de estudos em uma razão educativa, uma vez que exerceu importante influência em meios políticos, mesmo não católicos. O objetivo maior da educação jesuítica segundo a própria Companhia não era o de inovar, mas sim de cumprir as palavras de Cristo: "Docete omnesgentes, ensinai, instrui, mostrai a todos a verdade." Esse foi um dos motivos pelos quais os jesuítas desempenharam na Europa e também no chamado "Novo Mundo" o papel de educadores, unido à veia missionária da Ordem. Para seu estudo é obrigatória a leitura da tradução do documento para o português, feita pelo padre jesuíta Leonel FRANCA (1952). É recomendável também a consulta à mais recente edição francesa, traduzida por DEMOUSTIER & JULIA (1997), que traz junto o original latino (Ver Referências Documentais). Além da leitura do próprio documento, consultar as Constituições da Companhia de Jesus que ajuda a entender as normas que regem o funcionamento interno da Ordem (Ver Referências Documentais). As obras essenciais relacionadas ao tema foram escritas por Daniel ROPS (1965), A. GUILLERMOU (1960), L. LUKÁCS (1965 e 1974), José Maria DE PAIVA (1981), IGNÁCIO DE LOYOLA (1982), R. FRÖLICH (1987), Émille DÜRKHEIM (1990), DE DAINVILLE (1991), Cézar de Alencar ARNAUT DE TOLEDO (2000) (Ver Referências Historiográficas). Verbete elaborado por Cézar de Alencar Arnaut de Toledo, Flávio Massami Martins Ruckstadter e Vanessa Campos Mariano Ruckstadter. Disponível em: <http://www.histedbr.fe.unicamp.br/navegando/glossario/verb_c_ratio_studiorum.htm>. Acesso em: dez. de 2015.

4   O Trivium, também conhecido abreviadamente por "*Sermones*", isto é, "*Linguagem*", era constituído dos estudos de Gramática, Retórica e Lógica. Ler mais em O ENSINO SECUNDÁRIONA PRIMEIRA REPÚBLICA. (A Educação no Brasil até 1930). Disponível em: <http://www.cristianismo.org.br/his-br02.htm>. Acesso em: dez. de 2015.

5   O Quadrivium, também conhecido como "*Res*", isto é,"*Coisas*", era o estudo da Aritmética, Geometria, Astronomia e Música, esta última entendia mais no seu aspecto teórico do que na sua expressão artística. Ler mais em O ENSINO SECUNDÁRIO NA PRIMEIRA REPÚBLICA. (A Educação no Brasil até 1930) Disponível em: <http://www.cristianismo.org.br/his-br02.htm>. Acesso em: dez. de 2015.

eram exploradas de forma primária em função do consumo ou usadas como treinamento para escravos.

O Marquês de Pombal, em Portugal, quando da expulsão dos jesuítas, fez executar uma reforma educacional que previa o ensino de Ciências, Artes Manuais e Técnica, mas até a vinda de D. João VI, a reformulação educacional de Pombal tinha se resumido numa renovação metodológica, mesmo assim, permitiu uma abertura para entrada do ensino de Artes, que se determinou a princípio como ensino de desenho, o qual foi incluída no currículo do Seminário Episcopal de Olinda (fundado por Azeredo Coutinho em 1800), matéria que era ensinada pelo Padre João Ribeiro Pessoa de Melo, que, em 1817, participa da revolução pernambucana em prol da Independência.

É Manoel Dias de Oliveira, o Brasiliense, quem introduz a aula de modelo vivo, inaugurando o Desenho, no currículo, com uma aula régia (as aulas régias se constituíam num primeiro tipo de ensino público. Eram dadas em classes esparsas, não seguiam nem um plano preestabelecido e eram dadas por professores pagos pelo Governo, onde se ensinavam, filosofia, retórica etc.). È por volta de 1800 que ela será muito bem explorada metodologicamente pela Missão Francesa. É mister dizer que enquanto, no Brasil, a prática do desenho de modelo vivo ocorria pacificamente, nos Estados Unidos, apesar dela ser pratica somente 50 anos depois, provocou polêmicas, pela diferença de abordagem no tratamento do nu (BRIQUET apud MORAES, 1949, p. 115).

Thomas Eakins (1844-1916), introdutor do desenho de modelo vivo nos Estados Unidos, revestia de realismo a expressão de seus modelos, Manoel Dias de Oliveira, no Brasil, idealizava o nu observado, onde a figura tornava-se apenas um ponto de apoio para observação, desenhando-se não a imagem vista, mas os padrões de beleza neoclassicista, com o qual o Brasiliense tinha tomado contato em seus estudos na Itália.

Mais tarde, a Academia Imperial de Belas Artes trabalha o corpo de acordo com um sistema de aperfeiçoamento matemático de Dürer ou Leonardo. Tanto no Brasil, como nos Estados Unidos, a sociedade reagiria de acordo com os padrões ocidentais vigentes, até a chegada do Impressionismo, ou seja, o nu idealizado é arte, mas o nu que se aproxima demais do objeto provocando no espectador ideias ou desejos é falsa arte.

No entanto, as mudanças não foram tão pacíficas. A Reforma Pombalina, antes da chegada de D. João VI ao Brasil, dentro do currículo de ciências, centraliza sua criação nas aulas práticas de geometria em 1771 e 1799, na capitania de São Paulo e de Pernambuco. Em 1771, foi criado um edital, convidando os interessados a se inscreverem na recém-criada aula de geometria no convento São Francisco, em outubro do mesmo ano, se ordena que todos os estudantes participem da aula de Geometria, sob pena de *sentar praça de soldado*[6], se não cumprissem a determinação, numa demonstração clara da falta de interesse que havia pelos novos modelos educacionais propostos pela Reforma Pombalina no Brasil Colônia. Com a chegada de D. João VI, em 1808, é que a sociedade começa a aceitar mais intensamente essas reformas, centralizando-se no desenvolvimento das profissões técnicas e científicas, no recém-criado reinado.

Mesmo sendo criados cursos de Desenho Técnico em 1818, no Rio de Janeiro, e, em 1817, em Vila Rica, Bahia, a tradição do ensino humanístico e abstrato do tempo colonial, persiste, mesmo com a chegada de D. João VI, não determinando quaisquer transformações significativas da mentalidade brasileira, reorientando-a para as ciências e suas aplicações às atividades técnicas e industriais. (AZEVEDO,1953, p. 55) A exploração do trabalho escravo e a falta de atividades industriais contribuíram para a desvalorização dos estudos ligados às atividades do tipo manual ou técnica, mesmo porque havia o preconceito contra o trabalho, gerado pelo hábito do

---

6   A expressão *sentar praça de soldado* se referia à época a ir se alistar.

português de viver de escravos o que explica a Arte ter se voltado à indústria durante as sete primeiras décadas do século XIX, quando um quarto da população do país era composta de escravos (BARBOSA, 1978, p. 27). Com a abolição da escravatura e a chegada da revolução industrial, é que o trabalho manual ganha respeito e espaço, substituindo o trabalho físico pelo mecânico, invertendo os polos preconceituais, com isto, as Belas-Artes, que até então desfrutavam de consideração por serem vistas como adorno, pelas classes sociais abonadas, continuam nesse mesmo marasmo, sendo consideradas inúteis, enquanto que as artes voltadas as técnicas começam a ser valorizadas, por serem um meio de redenção econômica do país e da classe trabalhadora, que aumentava com a libertação dos escravos. E é com este propósito, ou seja, de se firmar a arte enquanto Desenho com linguagem técnica e de ciência, é que adentramos o século XX.

CAPÍTULO IV:
Da constituição curricular do ensino de desenho

O ensino da Arte no nível primário e secundário sofreu influências da metodologia da escola de Belas-Artes durante vinte e dois anos do século XX, juntamente com outras influências que dominaram esse período, como os processos resultantes do impacto do encontro efetivo entre as artes e a indústria e o processo de cientifização da Arte, (BARBOSA, 1984 p. 32) com raízes no século XIX, demonstrando que as primeiras décadas do século XX correspondem à realização dos ideais do século XIX, não só nas Artes como na cultura em geral, como forma de assegurar e institucionalizar a República.

No início do século XX, a preocupação centrava na implantação do ensino de Artes no currículo das escolas primárias e secundárias brasileiras, baseado nos projetos de reforma do ensino primário e secundário de Rui Barbosa, expressas em 1882 e 1883, e no ideário positivista, divulgado no país, a partir da segunda metade do século XIX. Esse ensino era centrado no Desenho como "[...] um complemento da escrita: da caligrafia e da ortografia". (BARBOSA, 1984 p. 34), como um meio de comunicar a ideia de uma figura, do mesmo modo que a escrita, é o modo de comunicar um pensamento, assim como expressa Rebouças (1878) "Tendes a inspiração de uma bela antítese ou de uma imaginosa metáfora, vós a escreveis: tendes a ideia de uma forma nova, vós a desenhais imediatamente". O mesmo autor à época afirmava "assim que deve ser compreendida a necessidade de generalizar o ensino do Desenho por todas as classes da sociedade" (p. 246).

Essa identificação do Desenho com a escrita ultrapassou as barreiras do Modernismo, numa tentativa de derrubar e vencer o preconceito contra a Arte, demonstrando que a capacidade para desenhar era tão natural aos homens, e não um dom ou uma vocação como se pensava à época.

O desenho linear ou geométrico e figurado dominou o ensino da escola primária e secundária nas primeiras décadas do século XX, com o acréscimo do desenho de ornato ou arte decorativa pelas influências da Escola de Belas-artes e do Liceu de Artes e Ofícios, em uma luta pela predominância de uma ou de outra dessas categorias, por um lado preso a princípios político-sociais e por outro a concepções artísticas. Com o surto industrial entre 1885 e 1895, reforça-se o ideal de educação para o progresso da Nação. O ensino do Desenho, a educação do caráter e da inteligência, mesmo sendo o objetivo principal dos positivistas, não deixou de encantar os liberais, mesmo sendo para eles o objetivo principal do ensino a preparação para o trabalho.

Assim, é Rui Barbosa um dos mais fiéis interpretes da corrente liberal brasileira, com suas ideias pedagógicas, que influenciaram o início do século XX. Na sua concepção pedagógica, o ensino do Desenho tinha um lugar assegurado no currículo primário e secundário, como forma de assegurar um enriquecimento econômico do país por meio do desenvolvimento industrial com a educação técnica e artesanal do povo considerada por ele como condição básica para o desenvolvimento. Dessa maneira, a educação artística seria uma das bases mais sólidas para a educação popular, implantando no país o modelo americano de ensino da Arte, principalmente na escola secundária, como se vê no artigo 79 do Capítulo I Titulo, que trata do regulamento do Imperial Liceu Pedro II: *Art. 79 – As cadeiras de Desenho, Ginástica e Música serão providas mediante contrato por quatro anos, no máximo renovável no fim deles, se convier. Para as duas primeiras, o governo, mediante os nossos agentes no estrangeiro, fará contratar homens de merecimento superior nessas especialidades e capazes de organizar no país este ensino; preferindo quanto ao Desenho, os Estado Unidos, a Inglaterra e a Áustria; quanto à Ginástica, a Suécia, a Saxônia e a Suíça* (BARBOSA, s/d, p. 259).

Na verdade, Rui Barbosa orientou-se por Walter Smith sobre o ensino do Desenho e isso repercutiu durante os primeiros vinte anos do século XX. A sabedoria de Rui Barbosa e as ideias de Walter Smith sobre Educação Artística perduraram por quase trinta anos após terem sido escritas. Rui Barbosa ainda acrescenta a importância do ensino do Desenho como transformação de uma pedagogia meramente retórica e verbalista, para um processo de desenvolvimento intelectual por meio do uso dos sentidos, da percepção e transcrição dos objetos, como disciplina inseparável da escola popular, como uma força poderosa para a fecundação do trabalho e o engrandecimento da riqueza dos Estados. Do ponto de vista quantitativo, o ensino do Desenho ocupa, no Parecer de Rui Barbosa[7] sobre o Ensino primário, o lugar mais destacado. *Foram-lhe dedicadas 90 páginas contra apenas 37 para as considerações acerca do ensino do Português e Gramática, 35 para o ensino das ciências Físicas e Naturais, 4 Para o ensino da matemática, 46 para o ensino da Geografia e Cosmografia, 21 para o ensino de História, 6 para os Rudimentos de Economia Política, 20 para a Cultura Moral e Cívica, 6 para o ensino da Música e 34 para o ensino da Educação Física. Isto significa que 1/10 do total de páginas do Parecer foi dedicado ao Desenho. ".... Até hoje nenhum projeto de lei concedeu mais de 50 linhas ao ensino da Arte ou ensino do Desenho..."* na concepção de Rui Barbosa continuariam assim até, pelo menos, 1948. Apesar da influência positivista na educação, especialmente no ensino do Desenho, acabou prevalecendo a orientação liberal, não só do ponto de vista dos objetivos, como também do ponto de vista metodológico.

---

7   Leia mais em:
   1) Projeto de Rui Barbosa: o papel da educação na modernização da sociedade. De Maria Cristina Gomes Machado – UEM. Disponível em: <http://www.casaruibarbosa.gov.br/dados/DOC/artigos/a-j/FCRB_MariaCristina_Projeto_RuiBarbosa.pdf>. Acesso em: dez. de 2015.
   2) O liberalismo nos Pareceres de Educação de Rui Barbosa. Alberto Venancio Filho. In: Estudos Avançados. On-line version ISSN 1806-9592. Estud. av. vol. 21 no.61 São Paulo Sept./Dec. 2007 Disponível em: <http://dx.doi.org/10.1590/S0103-40142007000300017>. Acesso em: dez. de 2015.

Embora as propostas de Rui Barbosa não terem apresentado nenhuma originalidade, foram resultado de uma longa pesquisa, com vasta fundamentação bibliográfica, articulando os modelos estrangeiros, adaptando-os ao Brasil. Foi de Benjamim Constant, como ministro do recém-criado Ministério da Instrução, Correios e Telégrafos, a elaboração da primeira reforma educacional republicana, aprovada em 22.11.1890, pelo Decreto-Lei nº 1075. Os positivistas brasileiros pediam a extinção da Academia de Belas-Artes e a reorganização do ensino da Arte. Os liberais, portanto, conseguiram transformar a Academia na Escola Nacional de Belas-Artes, ganhando com isto a reforma, mas não a luta, pois os positivistas conseguiram impregnar na Escola o sentido de ordem e disciplina, contribuindo para o imobilismo e a 'sacralização dos aspectos passageiros'. O projeto positivista para o ensino da Arte previa o aperfeiçoamento intelectual considerando-o precípuo para o progresso social e político e a crise moral era considerada como reflexo da crise intelectual. Comte, mestre dos positivistas brasileiros, valorizava as funções humanizantes entre o 'gênio estético' e o 'gênio científico'; rejeitava a especialização profissional e prescrevia para as crianças de 7/8 anos até a puberdade uma educação estética livre, baseada no ensino da música, da poesia, e do desenho.

Porém, a Reforma Benjamin Constant não deu à Arte a importância sugerida por Comte e centrou o currículo no ensino das ciências, propondo o método intuitivo e o livro como mero auxiliar, mesmo assim, a nova lei acabou prejudicando a implantação de um ensino intuitivo. Apesar de que para Augusto Comte, "[...] o principal objetivo do ensino da Arte na infância era a preparação para a formação científica, representava, entretanto, um disciplinamento não formal da mente através de uma metodologia baseada na estética (BARBOSA, 1984, p. 69).

O ensino do Desenho, após várias críticas, na escola primária passou a ser estético e voltou a se basear na cópia, principalmente naquela de estampas, diferentemente da recomendada pelos liberais, por meio da qual o aluno repetia a figura que era desenvolvida pelo professor no quadro-negro. A cópia de estampas era uma ideia vinda do neoclassicismo, através dos italianos, para quem o princípio aristotélico da *mimesis*[8] devia exercer-se sobre a obra artística considerada mais perfeita que a própria natureza. Assim, o neoclassicismo e o positivismo determinaram um excessivo intelectualismo e anti-individualismo no meio artístico, com ênfase maior no conceito que no traçado, que era considerado como demonstração do saber teórico.

A ênfase maior era dada para o ensino da Geometria, apesar de ser o Desenho obrigatório nas escolas primárias e secundárias, não era o Desenho geométrico, mas sim o Desenho de ornatos, como influência da Escola de Belas-Artes, que se opunha a indústria na expressão de objetos fabricados pela máquina em favor da decoração, da ornamentação, revelando, a partir de 1890, um ecletismo na arquitetura brasileira, cheia de florões, faixas de alto-relevo, grinaldas de baixo-relevo, perdendo-se assim a noção do plano e do equilíbrio da forma (BARATA, 1966 p. 423).

O estudo dos ornatos era feito no ensino secundário, como desenho de observação, com modelos em gesso de frutos e flores brasileiros encomendados ao artista B. Cellini, como também modelos da Europa. Na Escola Normal, o ensino do desenho constituía do estudo do traço à mão livre, ornamentação vegetal e animal, desenho colorido, ditado de memória e de invenção ou composição com letras góticas e de fantasia. Para auxiliar os professores, o *Pedagogium* [9]possuía para o ensino do Desenho modelos de peças em gesso, de estampas da escola de La Matinière, em Lyon. Para o ensino de Desenho, Música e Ginástica, não se exigia exame, pois era voltado para o desenvolvimento da inteligência e do corpo do educando, não tendo propósito de ensinar algum conteúdo.

---

8   O conceito de mimesis é, para a compreensão da Poética de Aristóteles, um termo chave que sustenta suas considerações a respeito da Arte poética; termo este que designa, em sua acepção mais geral, IMITAÇÃO. In: O conceito de mimeses na Poética de Aristóteles. Renato Araújo. Disponível em: <http://www.geocities.ws/ferreavox/mimesis.html>. Acesso em: dez. de 2015.

9   *Pedagogium* – **espécie de biblioteca-museu que servia de apoio para os professores.**

Por outro lado, a Geometria teórica, "[...] concebida como meio de desenvolver o raciocínio, foi princípio comum ao iluminismo pombalino, que nos atingiu no início do século XIX, e ao cientificismo positivista, da mesma maneira que tinham alguns pontos de contato, embora não fossem totalmente idênticos, os métodos de 'pôr em prática as operações geométricas' e de 'elaborar trabalhos gráficos correspondentes às noções aprendidas', determinados pela despacho de 1809 e pela reforma de 1889" (BARBOSA, 1984, p. 73). Portanto, a importância dada a Geometria e ao seu conteúdo na escola secundária, por meio da Reforma de Benjamin Constant, não se tratava de um conceito operacional da ciência, mas a preocupação de dar uma aparência cientificista no estilo da metafísica tradicional, especificamente no caso da Geometria, nos inícios do século XIX, no Brasil. Assim, o positivismo nos mostrou o caráter lógico dedutivo da ciência, paralelo, mas não identificado com o empirismo de Augusto Comte.

A Reforma Benjamin Constant, com sua morte, sofre transformações passando o currículo a se orientar em direção à preparação do aluno para a escola superior, limitando-se ao simples desenvolvimento do raciocínio, havendo com isto uma diminuição nos conteúdos da geometria, assumindo o Desenho geométrico a função de desenvolver a inteligência atribuída à geometria pelos positivistas, seguindo o lema expresso na Bandeira – ordem e progresso – na superposição das figuras nela inscrita, imprimindo ao ensino de Artes um rigorismo, "baseado na ideia do princípio de ordenação das formas e na ideia de que o indivíduo, enquanto elemento de expressão e composição, passa a ser insignificante para o próprio indivíduo" (BARBOSA, 1984, p. 74).

A arte reconhecida como fenômeno social referia-se às funções da Arte, que tinham como objetivo despojar o indivíduo de sua identidade por meio da submissão estética, ou seja, da geometrização da forma. Licínio Cardoso, filósofo latino-americano da Arte, demonstra uma pedagogia da Arte que vinha sendo ensinada na Escola Nacional de Belas-Artes, por meio de inúmeros positivistas como: Basílio de Magalhães, Almeida Reis, Décio Vilares, Manoel Madruga entre outros. Para Licínio, a lei dos três estados, aplicada às Artes em geral e a cada uma em particular, era a mesma da evolução mental do homem, assim, "há a tendência fatal do realismo, isto é, a evolução se faz do estado de ficção ao estado positivo, da imaginação à realidade" (TOBIAS, 1967, p. 53).

O ensino da Arte, sob o ponto de vista de Rui Barbosa, liberalista, voltou-se para uma metodologia romântica; enquanto que o positivismo se voltou para uma metodologia realista.

O Código Epitácio Pessoa começa a vigorar de 1901 a 1910, em substituição ao Código Fernando Lobo, propondo reunir os princípios positivistas e liberalistas, determinando como objeto principal o modelo positivista, articulando metodologicamente com o estudo dos ornatos, ou seja, o desenho como preparação para a linguagem científica era concebido pelos positivistas e o desenho como linguagem técnica, pelos liberais. Com isso, instala-se na educação brasileira, no início do século XX, um sistema dual.

A educação popular voltada para a técnica era proposta dos liberais liderada pelos Liceus de Artes e Ofícios os quais continham em seu currículo o desenho geométrico, o desenho de figura, o desenho de máquinas, o desenho de arquitetura civil e naval e o de ornatos, influenciando as Escolas de Aprendizes e Artífices criadas pelo Governo Federal. Com a nova Reforma educacional, a Lei Rivadávia Correa, decreto nº 8.659 de 5 de abril, radicaliza as propostas positivistas com a vitória da descentralização do ensino, determinando a autonomia didática e administrativa, cessando a intervenção do Estado na educação, que só participaria com auxílio material, junto às corporações de ensino superior e fundamental, desaparecendo a interferência fiscalizadora do governo e a uniformidade de ensino. Surge, então, o exame de 'admissão', que consistia numa prova para o candidato que se habilitava a escola secundária, conforme decreto 8.659, art.73b e, para a escola superior, instituiu-se o 'vestibular'. Com isso, o ensino brasileiro entra em crise, pois não tínhamos educadores preparados para exercer a autonomia e liberdade didática conquistada pela Lei Rivadávia. Eram, até então, os políticos que orientavam o ensino brasileiro.

Com relação ao conteúdo do ensino de Desenho, temos, na escola primária, o estudo geométrico como mero instrumento de preparação para o ornato; no ensino secundário, o estudo dos baixos relevos, com predominância do uso de linhas retas e folhas estilizadas, linhas curvas, altos relevos representados pelas figuras de animais, uma preparação à 'Arte Maior', à 'Arte Pura' ou 'Arte Nobre', que eram ensinadas nas Escolas de Belas-Artes.

O estudo de ornatos era importante não por si mesmo, mas por conter os princípios da evolução, pois era daí que as artes principiariam a se manifestar, ou seja, por meio do desenvolvimento da imaginação. "Precisamos adotar definitivamente este método, desenvolvendo o estudo das artes ornamentais e exercitando com elas as faculdades imaginativas dos alunos antes de passarem eles aos cursos superiores" (BROCOS, 1915, p. 38), preparando os alunos para ingressarem na Escola de Belas-Artes, onde era praticado as 'Artes Puras'. O estudo dos ornatos era defendido pelos que achavam que a função do curso secundário era dar uma formação cultural geral.

A Reforma Carlos Maximiliano de 8 de março de 1915, decreto nº 11.530, vigorou até 1925, colocando ordem no ensino brasileiro, tirando a educação brasileira da situação de crise que se instalara com a Lei Rivadávia Correa. Com isso, o Estado volta a exercer a ação fiscalizadora sobre o ensino secundário e superior, respeitando a autonomia administrativa, e até certo ponto a didática, mantendo o exame de admissão e o vestibular. O Colégio Pedro II volta a ser o modelo legal para os outros institutos, mantendo a prova de escolaridade para a matrícula nos vestibulares para a escola superior. A nova reforma anula a importância da nota dos exames de Desenho, com isso, as aulas de Desenho começam a ser menosprezadas, por 'nunca reprovarem', ficando o professor de Desenho, muitas vezes, fora do estabelecimento de ensino, mesmo sendo a geometria indispensável para a inscrição no exame vestibular, sendo ensinada nos terceiro e quarto anos. Com isso, se aproxima mais a Geometria do Desenho pela natureza dos conteúdos ensinados, reforçando as possibilidades de se passar no exame de final de ano.

No ensino primário, o estudo da Geometria passa a ter importância como preparação para o exame de 'admissão', dentro das aulas de Desenho, segundo o Parecer nº 1 da Comissão de Liceus e Ginásios, de 16 de fevereiro de 1916, constando em seu programa de ensino as linhas reta, quebrada, curva; polígonos; retas paralelas, perpendiculares e oblíquas; triângulos; ângulos; quadriláteros; circunferência; cubos; cubo, cilindro e esfera. Theodoro Braga e Anibal Mattos, artistas, insurgem contra a intelectualização do ensino do Desenho na Escola primária, defendendo um, o Desenho voltado para a indústria, o outro, o Desenho voltado à estética. Mattos queria o Desenho de memória e do natural, a lápis e a cores; enquanto Braga queria para o primeiro e segundo ano desenho de imaginação, de objetos conhecido; para o terceiro ano, desenho de observação, com objetos de uso e decoração imaginativa; para o quarto ano, desenho a mão livre de objetos complexos e instrumentos para construção de ornatos e, no quinto ano, desenhos geométricos à mão livre, ornamentação de rosáceas e prisma, desenho geométrico com instrumento. Esse programa representou para o ensino do Desenho a submissão ao modelo proposto pela Lei de 1901, tornando-se retrógado, por serem apresentados vinte anos depois, quando existia um movimento de objeção ao ornamento pelo seu caráter repetitivo e uniforme, começando um movimento de valorização do imaginativo, sob influência da Pedagogia Experimental que aportava no País, através de Wumdt, Lay e do Child Movement (BARBOSA, 1984, p. 94).

O decorativismo é enormemente rejeitado na Conferência Interestadual de Ensino Primário, realizada de 12 de outubro a 16 de novembro de 1921, (ANAIS, 1922, p. 406), no governo de Epitácio Pessoa, abolindo o desenho de ornatos e modelos de cópias, não só na escola normal como também na primária, sendo recomendados os exercícios de modelagem em argila, cera e outros materiais, importantes para dar à criança a sensação da forma. É na Conferência Interestadual que se vê o destaque da Escola Normal de Piracicaba (São Paulo), que trabalhava o ensino do Desenho como exercício visual e motor, bem como uma leve relação do desenho da criança e a Psicologia. Esta nova abordagem tem maior divulgação em São Paulo, principalmente na Escola Normal de São Paulo, que contava a partir de 1914, com Gabinetes de Psicologia Científica e Psicologia Pedagógica, desenvolvendo experimentos sobre Psicologia Experimental aplicada à Educação. O movimento reformador de São Paulo foi inspirado, no início, em ideias e técnicas pedagógicas norte-americanas. Passa a ser a criança o centro de interesses teóricos e práticos da educação, como resultado da vinda do Professor Ugo Pizzoli (Itália) para ministrar aulas para professores da Escola Normal por um ano, envolvendo a Antropologia, Psicologia Pedagógica e Psicologia Científica, resultando em trabalhos denominados por alguns de teses por outros de ensaios que vinham contribuir enormemente para o ensino brasileiro, incluído aí o ensino do Desenho, como se vê pelo trabalho sobre grafismo infantil, escrito pelo Professor Adalgiso Pereira, que se utiliza da representação gráfica da criança para medir a memória visual, memória cinética e aptidão para as Artes Visuais, com mais outros quatro trabalhos.

É a primeira vez que no País se vê o grafismo infantil como um processo lógico-mental, tornando-se um campo para investigações. Assim, o Desenho começa a ser visto como elemento informativo de natureza psicológica, em uma tentativa de investigar graficamente o que está mentalmente em jogo quando a criança desenha. Adalgiso Pereira, pretendia com este trabalho averiguar de que modo e como se desenvolve na mente da criança a representação figurada das coisas que a circundam, ou seja, demonstra a importância pedagógica do desenho infantil, como uma complementação da linguagem oral e escrita. Da aproximação do Desenho com a Psicologia, observou-se um respeito ao grafismo da criança, por meio do desenho infantil, por refletir a organização mental e a estruturação de seus aspectos e desenvolvimento. Contudo, somente com a introdução das correntes expressionistas, futuristas e dadaístas da arte contemporânea que se reconhece o desenho infantil como produto estético, no Brasil. Durante a Semana de Arte Moderna de 1922, em São Paulo, com os modernistas Anita Malfatti e Mário de Andrade, é que se valoriza e se coloca novos métodos de ensino da Arte, voltados para a espontaneidade da criança, numa linguagem expressionista, ou seja, do 'deixar fazer'.

Com a Reforma Sampaio Dória, de 1920, o Desenho na Escola primária se volta para o desenvolvimento dos sentidos, sendo substituído, em 1921, pela Lei assinada por Alarico Silveira, no governo de Washington Luís, revelando nova dinâmica no ensino do Desenho, voltado para o modelo interno, as ideias, em vez do modelo externo. Com essa nova concepção, o País reage positivamente com a atuação, principalmente, dos educadores paulistas.

O processo de industrialização é acelerado no País, principalmente, pela Primeira Guerra Mundial, com a necessidade crescente de formação de mão de obra especializada, fazendo com que o desenho desempenhasse papel de relevância neste contexto. O Liceu de Artes e Ofícios de São Paulo se consagra pelo seu ensino técnico-profissionalizante com dois artigos publicados por Monteiro Lobato: "A Criação do Estilo" e a "Oficina Escola no Estado de São Paulo", além de criticar as novas correntes de arte moderna, como o expressionismo, desenvolvido por meio das obras de Anita Malfatti, recém-chegada da Europa e Estados Unidos, cheia de modernidade.

Com isso, Anita Malfatti inova os métodos de concepção da arte infantil, colocando o professor como expectador da arte da criança, preservando a ingenuidade e autenticidade infantil. Assim, se valoriza o Desenho como técnica, e por outro se exalta os elementos internos expressivos constituintes da forma. Dessa forma, concretiza-se um debate em torno da Arte e da Técnica que vai ser problematizado após a concretização da Semana de Arte Moderna.

Lourenço Filho, Alice Meirelles Reis e Zuleica Ferreira lutam por implantar a ideia do trabalho como formação da personalidade, baseando-se em Decroly, que a partir de 1921, inova a educação técnica, na Bélgica, com a secção de Psicologia e Orientação Profissional. O desdobramento dialético entre o Desenho enquanto Arte e o Desenho enquanto técnica dá-se após a Segunda Guerra Mundial, influenciado pela Bauhaus.

CAPÍTULO V:
Da formação profissionalizante à formação universitária

A Lei Federal nº 5.692 de Diretrizes e Bases da Educação, promulgada em 1971, fixou os objetivos e o currículo da educação brasileira, estabelecendo uma educação profissionalizante, que começa com a criança na sétima série, como forma de adquirir mão de obra barata para as multinacionais instaladas no país as quais começam a ter poder econômico, principalmente no regime ditatorial que se instalou no país de 1964 a 1983. No currículo fixado em 1971, a única matéria que se voltava aparentemente para às humanidades e o trabalho criativo era Arte.

Desde 1948, eram as Escolinhas de Arte quem dava suporte para o professor de Artes, por meio de cursos de arte-educação para professores e artistas, desenvolvendo a autoexpressão da criança e do adolescente. Era um movimento bastante ativo. A partir de 1971, tínhamos muitas escolinhas de artes difundidas pelo país, a maioria particulares, que não habilitavam o professor para lecionar a partir da quinta série, pois a legislação vigente previa um professor de nível universitário, o que a maioria deles não tinha.

Com isso, o governo Federal, resolve criar o curso de Licenciatura em Educação Artística nas universidades a partir de 1973, com um currículo básico para todo o país e duração de dois anos. Assim, prepara-se um professor de arte-educação para lecionar da quinta até a oitava série e, em alguns casos, até o segundo grau. Na maioria das universidades brasileiras, o curso de Licenciatura de 1º Grau, forma professores habilitados em dois anos, e em alguns casos, como a PUC/SP, em três anos habilita o professor de Artes para o ensino de 2º grau. Somente a USP oferece o curso em quatro anos, o que é possível pela legislação.

O problema é que o ensino de educação artística no Brasil é visto como atividade e não como disciplina, portanto, é isento de nota, portanto, a apreciação artística e a história da arte não têm lugar nas escolas. O fato é que o ensino brasileiro em geral está um fracasso. O ensino profissionalizante de segundo grau fracassou, as crianças abandonam a escola antes de completarem a quarta série do ensino primário, os estudantes não conseguem emprego, pela não preparação para o trabalho e tudo isso demonstra a enorme lacuna que existiu no ensino brasileiro por quase duas décadas, sem contar o período da ditadura militar (1964-1983), onde se preservou algumas concepções anteriores.

A partir de 1980, os arte-educadores começam a formar grupos em defesa do ensino da Arte, nas escolas públicas, com vistas a uma política educacional para as artes e arte-educação; ação cultural do arte-educador na realidade brasileira; educação de arte-educadores, entre outros, abrindo espaços associativos profissionais com vistas a abrir diálogos com políticos locais, para se discutir a arte regionalmente, devido à diversidade cultural existente no país. Até o momento, tínhamos a SOBREART, uma associação de arte-educadores de âmbito nacional, dirigido por um militar e com sede no Rio de Janeiro, fundada em 1970.

Funda-se, então, em março de 1982 a AESP – Associação de Arte-Educadores de São Paulo, como primeira associação estadual, seguida pela ANARTE – Associação de Arte-Educadores do Nordeste; a AGA – Associação de Arte-Educadores do Rio Grande do Sul; a APAEP – Associação dos Profissionais em Arte-Educação do Paraná. (BARBOSA, 1991 p. 14) O objetivo das associações é a politização dos arte-educadores.

Enquanto ensino superior, o único a oferecer o curso de Educação Artística em quatro anos é a USP/SP, com conceito de arte-educação como epistemologia da arte e/ou arte-educação como um intermediário entre arte e público, partindo-se da ideia de que a arte bem orientada desenvolve para a sensibilidade e a criatividade, assim também como todas as atividades profissionais envolvidas com imagem e com o meio ambiente são melhores desenvolvidas por pessoas da área. Com essas ideias é que a USP organiza cursos para professores da escola primária e secundária da Secretária de Educação de São Paulo, incluindo além de pintura, desenho, escultura, design, TV e vídeo.

Existem outros programas que visam à recuperação educacional e dão importância para as Artes, como o GEEMPA no Rio Grande do Sul, baseado no construtivismo de Emília Ferreiro, utilizando a arte para formação de conceitos, catarse e desenvolvimento da habilidade motora, preparando o professor para que o programa tenha êxito. Outro projeto voltado para arte comunitária, para crianças e adolescentes e professores de Arte é o "Fazendo Artes", da FUNARTE.

Depois da criação dos cursos de Educação Artística a nível superior em 1970 (o Movimento de Escolinhas de Arte), eles, perdem a importância e a credibilidade após os anos oitenta por mudanças de política interna. Mesmo formados, os professores de Educação Artística são incapazes de promover uma formação estética de apreciação artística com informações históricas sobre o ensino da Arte, sem compreensão de um fazer artístico como autoexpressão. Dessa maneira, a universidade teria que dar muito mais do que vem dando em termos educacionais para a formação do professor, o qual não está nem preparado para aceitar as mudanças e acaba reagindo contra as mesmas. Além do mais, os arte-educadores, vem se confrontando com um problema que precisa tanto de força política quanto conceitual, pois, o processo de democratização política do país acirrou o preconceito contra as artes na escola, primeiro porque seu ensino nasceu de uma obrigatoriedade por meio de uma lei educacional imposta pela ditadura militar, mas também por ser o ensino fraco; fatos que tornam-se a causa da tentativa de exclusão das artes no ensino brasileiro dentro da sua nova organização educacional.

Os educadores colocam como razão explícita a recuperação dos conteúdos e que arte não tem conteúdo. É como voltar ao básico dos Estados Unidos. Com a intenção de esclarecer os conteúdos da arte, foi organizado em 1989, pelo MAC – Museu de Arte Contemporânea da USP, o III Simpósio Internacional sobre o Ensino da Arte, na tentativa de deixar claro os diversos conteúdos da arte na escola, "[...] esclarecendo sobre a importância da história da arte, da crítica da arte, da estética e do fazer artístico como inter-relação da forma e do conteúdo" (BARBOSA, 1991, p. 23).

Barbosa, ao tratar dessa temática, nos diz que, no Brasil, o ensino da Educação Artística estará ligado a três objetivos 'complementares': o primeiro voltado para o estudo da imagem no ensino da arte; o segundo é reforçar a herança estética dos educandos com base no seu meio ambiente e o terceiro voltado para a forte influência dos movimentos de arte comunitária na arte-educação formal, colocando que para isto o embasamento teórico e exame das práticas como necessários para o avanço da arte em comunidades, evitando-se, assim, as manipulações políticas que se possam exercer, sem esquecer de citar o design para o ensino de segundo grau, como ferramenta de trabalho, garantindo para a arte-educação, "[...] o papel de transmissor de valores estéticos e culturais no contexto de um país de Terceiro Mundo" (1991, p. 25)

Com o intuito de uma formação profissional que atendesse a uma demanda emergente, aprova-se o curso de licenciatura, conhecido como 3+1, ou seja, três anos teóricos e um ano prático com as matérias pedagógicas. A relação teoria/prática foram incorporadas pelas determinações legais, acompanhadas pelo debate sobre os imperativos econômicos e políticos da sociedade capitalista, assumindo a formação do professor uma função não só técnica, mas também, política, indispensável ao exercício da profissão no contexto brasileiro. A LDB 9.394/96 e as resoluções que daí decorrem, alavancam reformulações das licenciaturas com a criação de novos cursos que, no currículo prescrito, enfatizam a prática e o campo profissional. A Resolução CNE/CP n. 02/2002 determina que as licenciaturas deverão apresentar 400 (quatrocentos) horas de prática como componente curricular, vivenciadas ao longo do curso (Brasil, 2002), somado a Resolução CNE/CP n. 1/2002 que determina que a prática "será desenvolvida com ênfase nos procedimentos de observação e reflexão, visando à atuação em situações contextualizadas, com o registro dessas observações realizadas e a resolução de situações-problema" (Art.13, §1º, p. 6).

A tarefa essencial das licenciaturas é formar professores e promover a inserção efetiva deles na realidade escolar e na prática social tendo em vista outros imperativos que não somente os econômicos, uma vez que as propostas curriculares em artes contemplam uma prática social que envolva o cultural e o estético.

CAPÍTULO VI:
A formação do professor

Evoluímos da condição de meros espectadores em artes para atuarmos como professores de artes nas escolas brasileiras. A formação do educador de artes para o ensino infantil, fundamental e médio, amparado pela lei, certifica a profissão, nesse sentido rompemos com a modernidade descrita pelos conhecimentos estabelecidos por campos e paradigmas, objetos e métodos, pelas fronteiras territoriais mapeadas bem como por uma linguagem e discursos tanto próprios como distintos. Adentramos, então, a contemporaneidade, um mundo no qual a cultura se define por um conjunto de sentidos, num movimento acelerado, conformando novas visões de mundo.

Além disso, é sabido que a expressão sociedade do conhecimento é amplamente utilizada para explicar a influência das novas formas de organização social que interferem em nosso cotidiano. Com isso, a escola amplia seu campo de atuação com o ensino das artes, o mesmo que antes, na modernidade, recebia espaços próprios e linguagens distintas, mas que, na contemporaneidade, se apresenta como múltipla em suas manifestações artísticas utilizando-se de todos os tipos de materiais, técnicas e tecnologias demandando novas concepções e novas categorias de produção.

Nesse cenário, a formação do professor para o ensino de artes na escola, amplamente discutida por teóricos da área, permite repensar a base teórica e conceitual para a formação do professor brasileiro, somado a obrigatoriedade conquistada do ensino das artes nas escolas brasileiras determinada pela Lei de Diretrizes e Bases da Educação Nacional, LDB 9394/96 regulamentada em 20 de dezembro de 1996, que no artigo 22, § 2º *O ensino de arte constituirá componente curricular obrigatório, nos diversos níveis da educação básica, de forma a promover o desenvolvimento cultural dos alunos*. Na sequência a essa regulamentação, o Ministério da Educação e Cultura elabora e divulga os Parâmetros Curriculares Nacionais de Artes – PCN (1997) que dão ênfase ao papel e lugar da disciplina, quando afirma que [...] *Arte tem uma função tão importante quanto à dos outros conhecimentos no processo de ensino aprendizagem. A área de Arte está relacionada com as demais áreas e tem suas especificidades* (p. 19); e mais resgatam na história os momentos vividos e a influência desses momentos para o processo criador quando apontam para o início da história que: [...] *a arte sempre esteve presente em praticamente todas as formações culturais. O homem que desenhou um bisão numa caverna pré-histórica teve que aprender, de algum modo, seu ofício. E, da mesma maneira, ensinou para alguém o que aprendeu. Assim, o ensino e a aprendizagem da arte fazem parte, de acordo com normas e valores estabelecidos em cada ambiente cultural, do conhecimento que envolve a produção artística em todos os tempos. No entanto, a área que trata da educação escolar em artes tem um percurso relativamente recente e coincide com as transformações educacionais que caracterizaram o século XX em várias partes do mundo. A mudança radical que deslocou o foco de atenção da educação tradicional, centrado apenas na transmissão de conteúdos, para o processo de aprendizagem do aluno também ocorreu no âmbito do ensino de Arte* (p. 20-21).

Já no ano 2000, o Ministério da Educação promulga a Proposta de Diretrizes para a Formação Inicial de Professores da Educação Básica em Cursos de Nível Superior, propondo uma discussão para a formação do professor de artes voltado para o ensino fundamental com uma abordagem equilibrada e articulada entre as demais disciplinas e nas diferentes linguagens que compõem as artes (da Música, da Dança, do Teatro, das Artes Visuais), uma vez que o professor de artes é preparado para atuar em uma só linguagem (BRASIL, 2000, p. 34), fato que caracteriza um retrocesso se avaliarmos que cada uma dessas linguagens compõem áreas do conhecimento específicas e que tratá-las como uma linguagem simplesmente na formação do professor de artes, é um sacrilégio, afinal a arte é uma área complexa por sua natureza epistemológica, com linguagens especificas e diversificadas (música, dança, teatro, artes visuais) com interseções e quebra de fronteiras entre as áreas de conhecimento que a compõem e seus saberes específicos, por isso, há a necessidade da formação do professor especializado e atualizado com os meios próprios de produção e com as novas mídias e as novas propostas de ensino de aprendizagem que dialogam com questões contemporâneas e emergentes.

Considerando que a formação do professor de artes no Brasil é recente, como já apontamos, ela surge por meio dos avanços pedagógicos ocorridos pela Escola Nova no início do século inspirada pelo pensamento do filósofo americano John Dewey e pela eclosão do Movimento Artístico Modernista que influenciou sobremaneira os modos de pensar, desenvolver e comunicar arte na escola.

No Brasil, a formação dos professores para o ensino das artes iniciou na década de 50 com o Movimento Escolinhas de Artes que se espalhou pelo país, voltada para professores da educação básica com cursos de formação inicial e continuada. Na década de 80, a Professora Ana Mae Barbosa organiza um curso de formação continuada, com uma abordagem pós-moderna de arte-educação, dando início a expansão e ampliação de cursos dessa natureza aos professores de artes.

Na contemporaneidade, os Parâmetros Curriculares Nacional de Artes apontam para a metodologia triangular centrado na inter-relação entre o fazer, o ler e o contextualizar, característicos da década de 80, que vigoram até meados dos anos 90 ampliando a forma de ver o mundo e se relacionar com ele por meio da arte, desenvolvendo potencialidades como a percepção, a observação, a imaginação e a sensibilidade (BRASIL, 1997). Dessa forma, os PCN` Artes orientam os conteúdos para a educação básica a partir de objetivos gerais e específicos, de critérios para a seleção de conteúdo, de avaliação e orientações didáticas.

Com tudo isso, apresenta-se o ensino da arte brasileira por três grandes concepções: o ensino de arte pré-moderna, o ensino de arte modernista e o ensino de arte pós-modernista. É importante notar que cada qual, em seu tempo, caracterizou-se por uma concepção de ensino da arte, na primeira como técnica, na segunda como expressão e atividade e na terceira arte como conhecimento. No primeiro caso, a concepção de ensino inicia-se com os Padres Jesuítas em processos informais pelas oficinas de artesãos, utiliza-se da técnica como instrumento pedagógico para a catequese dos povos indígenas. É nesse modelo que aporta no Brasil a Família Imperial Portuguesa que implanta a Real Academia de Belas Artes, em 1816, sob a tutela da Missão Francesa com predomínio da técnica.

Com a Proclamação da República (1889) e as transformações sociais, políticas e econômicas no cenário brasileiro, a educação passa a ser um campo estratégico de efetivação dessas mudanças aos olhos dos liberais e dos positivistas. O ensino de arte concentra-se, então, no desenho como linguagem da técnica e da ciência, "valorizadas como meio de redenção econômica do país e da classe obreira, que engrossara suas fileiras como recém-libertos" (BARBOSA, 2002. p. 30). Somente em 1914, inicia-se a concepção de ensino da arte como expressão a partir da influência da pedagogia experimental implantada nos cursos de formação de professores, sendo o desenho infantil, como um processo de representação mental da criança, permitido nas escolas, chamado de livre-expressão, vindo somente a se configurar como um produto estético quando da introdução das correntes artísticas expressionista, futurista e dadaísta e com a realização da Semana da Arte Moderna em 1922. Os modernistas, Mário de Andrade e Anita Malfatti foram os principais responsáveis pela introdução das ideias de livre-expressão no ensino de arte na escola, cuja metodologia aplicada era a valorização da expressão e da espontaneidade da criança. A livre-expressão de origem no movimento expressionista "levou à ideia de que a arte na educação tem como finalidade principal permitir que a criança expresse seu sentimento e a ideia de que a arte não é ensinada, mas expressada" (BARBOSA, 1975, p. 45).

É com a reforma do ensino, do então 1º e 2º graus (ensino fundamental e médio), determinados pelo acordo estabelecido entre Brasil e Estados Unidos, MEC-USAID, no qual, fica estabelecido em 1971, os objetivos e currículo, configurados na LDB 5.692/71 que é instituído nas escolas da rede pública e privada a obrigatoriedade do ensino de arte como atividade, com a rubrica de Educação Artística. Na vigência da lei 5.692/71, as aulas de educação artística eram ministradas por professores de qualquer área do conhecimento, sem o conhecimento que o ensino da arte exige, ou seja, fundamentada no fazer artístico. Isso transformou o ensino da arte em, como determinou depois Ana Mae Barbosa, "babado cultural". Segundo a autora, um ensino da arte contemporâneo deve se relacionar ao desenvolvimento cognitivo, deslocando a questão do "como aprender arte para como se aprende arte", dessa forma o ensino da arte nas escolas conseguirá ir além da concepção de ensino como técnica que valoriza o produto, como expressão que valoriza o processo em detrimento do produto artístico e da concepção de ensino como conhecimento que valoriza o processo, produto e o meio cultural dos alunos.

Estabelecendo, dessa forma, uma educação tecnológica voltada a profissionalização da criança, a partir da sétima série, complementada pelo ensino na escola secundária. Atendendo a uma demanda do mercado de trabalho, instituído no país no regime ditatorial (1964-1983).

Portanto, a arte enquanto área do conhecimento pouco a pouco se vê atrelada a um ostracismo nas escolas, com a determinação no final dos anos oitenta do "núcleo comum" para as escolas de 1º e 2º graus[10], com a eliminação da área de comunicação e expressão, no qual a arte estava inserida, deixando claro que não sendo básico, a arte (aqui já com a denominação de educação artística) passa a ser exigida, uma contradição que fragiliza essa área do conhecimento, superado, nos anos noventa com as diretrizes e bases da educação nacional, a lei 9.394 de 20 de dezembro de 1996, que estabelece o ensino da arte, como componente curricular obrigatório, nos diversos níveis da educação.

Assim vemos, no decorrer do século XX, as diversas experiências que a arte percorreu, calcada, principalmente, nas orientações de educadores internacionais, produzidas não por simples cópia, mas, sim, por meio de uma releitura, adaptadas para a realidade do país. Dentro desse processo histórico, professores de artes, procuravam desenvolver atividades artísticas e educacionais, nas escolas regulares e nas escolinhas de artes, na busca pela inclusão da arte nas séries iniciais do ensino fundamental. Essas ações nem sempre se apresentavam de forma organizada, uma vez que se desmobilizavam pelas transformações políticas ocorridas no país, como no caso do Estado Novo e, mais tarde, com o Governo Militar. Com o fim deste, as organizações de professores de artes se intensificaram, e em meados dos anos de 1980, passaram a se reunir em encontros e em congressos e, consequentemente, formaram associações e culminaram suas reivindicações na década de 1990. Essas reivindicações sejam em forma de manifestos, monções ou documentos, acabaram por marcar "território" nas políticas educacionais para o ensino de artes e são concretizadas.

É esse cenário que temos deslumbrado hoje para a formação do professor de artes, há contradições e ambiguidades no que dispõe a lei e no que encontramos na prática

---

10 Hoje, se refere ao ensino fundamental e ensino Médio (1º e 2º Graus) da Educação Básica.

pedagógica nas escolas, mesmo assim, avançamos. A organização curricular para a formação de professores de artes aponta, para um encadeamento de disciplinas, que contemple habilidades e competências próprias para a formação a que se destina, regulados, por sua vez, pelo processo nacional de avaliação dos cursos de graduação e do desempenho dos estudantes em relação aos conteúdos programáticos previstos nas diretrizes curriculares do respectivo curso de graduação, suas habilidades e competências para compreender temas exteriores ao âmbito específicos de sua profissão, relacionados à realidade brasileira e mundial e a outras áreas do conhecimento (BURIGO & CARRARA, 2015).

CAPÍTULO VII:
Síntese

A dissolução da valorização do ensino de Arte e a constante ameaça da exclusão desta área dos currículos da escola brasileira vêm se solidificando a partir do processo de redemocratização do país.

Neste processo, a arte, enquanto área de conhecimento, encontra-se em contradição: desde 1986, foi eliminada do currículo como matéria básica, porém ainda é exigida como matéria integrante dos currículos escolares.

Não só essa ambiguidade, mas também o fato da obrigatoriedade do ensino da Arte, surgida na lei 5.692/71, vêm fortalecer o histórico preconceito contra o ensino da Arte no Brasil. A síntese desta situação, na prática, é a má qualidade do ensino encontrado, hoje, nas nossas escolas, numa mescla que abrange desde o ensino tradicional, passando pelo *laissez-faire* até as concepções mais progressistas.

Essa síntese é fruto de um processo histórico cuja raiz é encontrada na época da nossa colonização e vem gerando a desvalorização da arte ao longo dos anos pela classe dirigente do país. Com vistas à manutenção de sua hegemonia, a classe dirigente vem moldando um perfil de cultura brasileira, onde os valores estéticos, clássicos e imutáveis, nascidos da ideologia iluminista, vêm formando, erroneamente, a concepção de cultura em nossa sociedade.

Primeiro, porque somos socialmente estruturados, com base num sistema de produção capitalista que gera, nas suas contradições, duas classes sociais: os dominados e os dominantes. Essa seletividade de classes gera uma dicotomia cultural, ou seja, para o povo a cultura popular e o não acesso à cultura erudita da arte; para a classe dominante o acesso aos códigos da cultura popular.

Segundo, porque uma parcela da classe dirigente do país tem intenções históricas na produção da cultura de consumo, investindo em programas educacionais que orientem o consumidor, com a finalidade de preservar seu *status quo*.

Terceiro, porque o Brasil, hoje, se vê na posição de todo país dependente do terceiro mundo, atrasado em relação ao desenvolvimento cultural, por intenções muito claras da classe dirigente do país em um processo que tem como principal testemunha a história, buscando conceitos de modernidade quando os países de primeiro mundo estão em vias de superar a pós-modernidade. Neste devir de relações humanas é que vamos encontrar a produção da nossa cultura, assim como afirma Barbosa: "Não é possível o desenvolvimento de uma cultura sem o desenvolvimento das suas formas artísticas" (BARBOSA, 1991, p. 5).

Entretanto, os argumentos demonstram que se faz urgente o resgate da nossa cultura, a qual advém das relações sociais criadas pelo homem, por meio do trabalho em um espaço e tempo delimitados. Desses relacionamentos, oriundos na multiculturalidade de complexidade social, é que podemos abstrair cultura: das camadas alfabetizadas, alienadas ou não, do processo de desenvolvimento do país, das chamadas elites intelectuais que se engajam nas transformações sociais – comprometidas ou não com o benefício da maioria da população – ou das camadas analfabetas que representam um índice significativo da massa popular e são marcados pela alienação, intencional, do processo de desenvolvimento do país, à qual são submetidas.

Esses relacionamentos humanos irão produzir a cultura com múltiplas determinações: políticas, econômicas, religiosas, morais, intelectuais, estéticas etc., que são diluídas por ideologias contraditórias da própria complexidade social. Assim, quando nos damos conta do significado da cultura, percebemos que não adianta rotular e combater aquela que é dominante, para não cair no discurso repetitivo, que só diz o que as pessoas estão dispostas a ouvir.

Há que se compreender as causas e intenções das organizações que se configuram como produtoras culturais históricas, que criam os valores estéticos que nos têm sido impostos ou que surgiram da resistência a essas imposições e dos quais os nossos trabalhos artísticos são síntese.

Essa síntese se constitui, entre outros sentidos, na ordem ideológica preestabelecida, ou em trabalhos produzidos na tentativa de subverter a manutenção da ideologia dominante. Assim sendo, importa concluir que cada estrutura artística é uma essência com várias significações, que serão compreendidas como resumo de determinadas relações.

É fundamental, portanto, o entendimento desta síntese como resultado do movimento de reelaboração do passado, numa versão significativa do presente, que se constitui numa antecipação de futuro, ao que chamamos de simultaneidade.

Nesse processo, analisamos as causas e as intenções da totalidade dos estilos de Arte que originam o saber estético. O objeto da análise é a ideologia artística que, considerando, destruindo e explorando os estilos, vem se assenhorando da Arte. O espaço artístico brasileiro está constituído de fusões de simultaneidade, que organizam a produção, a distribuição e o consumo das ideias artísticas.

A finalidade do ensino da Arte na escola está, justamente, na explicitação para o aluno; das ações histórico-sociais que geram as simultaneidades de hoje; bem como seus significados. Esses significados advêm das infinitas possibilidades que o trabalho artístico encontra de estruturar, não só como síntese, mas como antecipação e representação dessas estruturas que pendem para a universalidade, atravessando espaços e tempos diferenciados. Assim, o ensino da Arte na escola deve desmistificar a elitização da Arte por padrões estéticos que visam à formação do sujeito singular, que tende a se afirmar socialmente por este *status*.

Desta maneira, entendemos que esta síntese atual que advém da formação da burguesia do país traz no seu bojo a mesma essência da formação burguesa europeia, moldada pelos jesuítas sob a ideologia filosófica humanista tradicional nas suas origens.

A burguesia brasileira, nas suas origens, compreendia a Arte sob alguns aspectos: quando entendida como acessório cultural, era refinamento para a etiqueta burguesa, como no caso da música, por exemplo; mas, quando entendida como Arte que se realiza por meio do trabalho manual, era classificada para a classe trabalhadora da época – índios, escravos e negros. Dessa dicotomia, decorre o início da formação do preconceito contra o trabalho, que hoje torna difícil o entendimento de Arte como trabalho criador.

A história contempla dois grandes motivos para a sistematização do ensino da Arte no País: o primeiro vem a ser a necessidade de ascensão a um *status* que garantisse o poder da burguesia e preservasse os ideais da aristocracia e do poder monárquico, decorrente da vida da corte de D. João VI, fugida das ameaças bonapartistas. Portanto, a importação de um estilo estético europeu (França), cujo acesso seria vinculado à minoria dominante, constituir-se-ia num dos fatores culturais que viria garantir a classificação social; o segundo motivo advém da queda de Napoleão, que leva os bonapartistas convictos a deixarem o País, entre eles, os organizadores da Academia de Belas Artes, do Instituto da França, artistas famosos da época, que, ao tomarem conhecimento das intenções do governo brasileiro, encontraram aqui um porto seguro com possibilidades de dar prosseguimento ao trabalho artístico que vinham exercendo até então, ou seja, a arte engajada nos seus princípios políticos.

Sendo assim, a chegada da Missão Francesa, em 1816, trouxe para o Brasil o estilo neoclássico, servindo satisfatoriamente às necessidades da classe dominante. Este momento histórico marcou o único estilo a chegar no Brasil na mesma época do seu apogeu a nível europeu. Porém, aqui o neoclássico confrontou-se com outro estilo, também no seu apogeu: a arte colonial barroca, desenvolvida pelos artistas brasileira, muito valorizada pela classe popular e rechaçada pela classe dominante, que a classificava como trabalho de simples artesãos.

O contraste de frieza do neoclássico com a sensualidade do barroco brasileiro criou uma distância entre Arte e massa popular, colocando em dificuldades a Academia de Artes e Ofícios, implantada pela Missão Francesa, que encontrava seus poucos alunos na aristocracia.

Sendo o trabalho rechaçado pela classe dominante, a Arte encontrou lugar no lazer e no complemento do seu processo de Educação. Decorre daí o entendimento da Arte, hoje, como um símbolo de *status* social. Assim, o ensino da Arte se efetivou numa ação pedagógica tradicional, onde importava relevar o aluno talentoso, numa prática de ensino reprodutivista, autoritária e fragmentada.

Somente na década de 20 que os padrões europeus e norte-americanos chegaram ao Brasil trazendo consigo a filosofia humanista moderna, que preconizava a formação do homem pela interferência das suas condições materiais de existência. O marco desse momento histórico é a chegada da Psicologia aplicada à educação no Brasil. Fiel aos preceitos dessa filosofia vigente deu-se ênfase às diferenças individuais, à espontaneidade e às etapas de aquisição da aprendizagem da criança. Sendo assim, desenvolveu-se um processo educacional onde o relacionamento professor-aluno e um ambiente rico em estímulos tornaram-se elementos fundamentais para as estratégias de ensino. Porém, devido à má informação e interpretação da Psicologia voltada para o ensino da Artes na época, a Arte encontra lugar confundida nas suas possibilidades terapêuticas.

Este momento histórico marcou o início da luta pela obrigatoriedade e pela reformulação do ensino da Arte nas escolas primárias e secundárias, liderada, principalmente, pelo conflito entre os ideais positivistas e liberalistas. Os positivistas enfatizavam o ensino da Arte como 'regeneração do povo por meio de um instrumento que lhes educasse a mente'.

A luta pela obrigatoriedade da Arte, na escola, começa na década de 20 e é fortalecida pela sua regulamentação no artigo sétimo da Lei de Diretrizes e Bases da Educação Nacional, nº 5.692/71, implantada pelo governo militar.

Na escola, as disciplinas de Artes Industriais e Artes Técnicas, envolvendo a música, a plástica e o teatro, tomam o lugar das disciplinas que tratavam a arte como forma de expressão individual. O indivíduo singular perde lugar para o produto. Fora da escola, no entanto, o movimento das escolinhas de arte já está difundido por todo o país, oferecendo cursos para adolescentes e professores, na tentativa de assegurar a livre expressão do trabalho artístico.

Nesta perspectiva, a proposta do ensino da Arte na escola visa à compreensão da Arte como trabalho criador. Este trabalho surge das necessidades do homem concreto, ou seja, aquele que é síntese das múltiplas determinações: sociais, culturais, religiosas, econômicas, jurídicas, emocionais, morais, intelectuais etc.

Portanto, entende-se por trabalho criador o resultado das mediações encontradas no devir das relações humanas com estas esferas estruturais de produção, vinculadas ao seu espaço e tempo, pelo estudo das matérias-primas da arte, que são: o som, a forma, a representação e o movimento, em suas várias estruturações, conseguidos a partir do estudo dos elementos caracterizadores de cada uma dessas matérias-primas.

O homem, pelo trabalho criador, elabora o seu modo de ver, ouvir, representar e movimentar-se, por meio da representação crítica, a qual é constituída de estruturas, bem como vai registrar a interferência humana no espaço e no tempo como um produto histórico-social.

Essas interferências exigem uma mudança de relação (visão de mundo) do homem social com as suas novas significações, que são, de fato, objetos humanizados e transformados em sua natureza e, sem perder essa essência, constituem-se na expressão humana em sua totalidade. Portanto, a mudança de relação possibilita a superação do estado histórico imediato, não só da configuração social, mas também da produção artística.

Neste processo, entendemos a arte como trabalho construtivo e transformativo, desempenhando em suas funções uma prática de ensino que considera o objeto artístico e suas qualidades no movimento das relações sociais, culturais e estéticas que o produz, que o distribui e o consome, esperando ultrapassar as instâncias da resistência, que se constituem no primeiro momento significativo para a construção do conhecimento, avançando para o segundo momento – que é a finalidade do ensino da Arte na escola – a prática criadora.

Certamente essa finalidade nos remete a questões como os preconceitos que atingiram a arte desde o Império, seja na formação do professor de artes, seja nas escolas regulares, na forma como essa área do conhecimento é visto nas instituições universitárias e nas escolas. Podemos apontar como uma diferença a mudança de postura dos professores de artes, assumindo, nas escolas uma arte com competência, o que lhes permite exigir, dos órgãos públicos, uma ação mais efetiva no que se referem aos conceitos, as atividades artísticas, adequadas ao fazer artístico e a apreciação estética, como elementos fundantes para o desenvolvimento da percepção, da imaginação, tanto para captar a realidade circundante, para como, desenvolver a capacidade criadora, necessária para interferir e mudar essa realidade.

Uma realidade, como a que conhecemos, que prossegue, principalmente com o avanço das tecnologias no século XXI impulsionando a economia, a sociedade, a políticas, a cultura entre outros e se organiza em uma outra lógica, de um modelo curricular reprodutor para um modelo inovador e de conhecimento (CARRARA, 2015).

Este cenário vem sendo discutido desde a segunda metade do século XX por teóricos de renome nacional e internacional, que concordam que hoje a questão central é a geração de conhecimento, o processamento das informações, onde categorias como tempo-espaço se tornam vital para um mercado em expansão no qual o tempo de produção, de difusão e socialização que as tecnologias proporcionam, permite enquanto tecnologias cognitivas e relacionais, esse avanço (CASTELLS, 1996).

Se começa a delinear uma nova sociedade baseada na inovação, na velocidade das conexões, na infraestrutura que possibilita o acesso de cada vez mais um número maior de pessoas e com isto processar, coletar, interpretar e divulgar informação de forma autônoma, responsável incrementados e dinamizados pela internet e pelo ciberespaço, incentivando redes virtuais de pesquisa e de construção de conhecimento (CARRARA, 2015).

Segundo Ianni (2000), esses processos acontecem de forma contraditória, impulsionando o desenvolvimento de novas e diferentes relações, processos e estruturas de dominação e apropriação, em nível local, regional e mundial. É a chamada globalização, que num movimento de ruptura histórica aponta a novos desafios não só metodológicos e teóricos como também epistemológicos. Outros tempos, outros espaços, de convivência, de socialização, de aprendizado. Nessa realidade o indivíduo em seu modo de ser, de pensar, de agir, de sentir, de imaginar e aprender evidencia os mais diversos nexos entre indivíduos e coletividades, e em âmbito mundial, deixa de ser local, regional e nacional. Rompe com a barreira territorial, e se evidencia como singular e universal numa sociedade globalizada.

A comunicação, como fenômeno global moderno, influencia e interfere nos diversos processos culturais, resultante, em parte, da introdução das novas tecnologias e a articulação desta com a formação do professor de artes, pelo viés da compreensão crítica da arte. (FRANZ, 2003)

Neste processo de transformação (social e global), a formação do professor de artes pode ser vista criticamente como uma formação, baseada num currículo que ultrapassa o modelo tradicional de aprender e de ensinar. E a modalidade de formação (a distância), surge como mais uma alternativa para a formação de professores, com uma metodologia não somente baseada na listagem de conteúdos, mas também na comunicação midiática, no diálogo interativo, com um projeto pedagógico eficiente, partindo de princípios filosóficos e pedagógicos comprometidos com a ensino e com a aprendizagem para a formação de profissionais éticos e competentes para o exercício da profissão, (Carrara et al, 2014) considerando as circunstâncias históricas, o contexto, a cultura e as especificidades que as tecnologias da informação e do conhecimento supõe para tal formação, frente a complexidade inerente a tais processos de formação.

REFERÊNCIAS

AZEVEDO, Fernando de. *A cultura Brasileira*. São Paulo: Nacional, 1953.

BARATA, Mario. *Raízes e Aspectos da História do Ensino Artístico no Brasil*. Rio de Janeiro: EBA/UFRJ, 1966.

BARBOSA, Ana Mae Tavares Bastos. *A Imagem no Ensino da Arte:* anos oitenta e novos tempos. São Paulo: Perspectiva; 1991.

_____. *Recorte e colagem:* influência de John Dewey no ensino da Arte no Brasil. São Paulo: Cortez, 1982.

_____. *Arte-Educação:* conflitos e acertos. São Paulo: AR'TE, 1984.

_____. *Arte-Educação no Brasil:* das origens ao modernismo. São Paulo: Perspectiva, 1978.

BURIGO, Carla; CARRARA, Rosangela M. *Análise da organização curricular do curso de Artes, na modalidade a distancia:* estudo de um caso. Artigo apresentado no XXIII Seminario Internacional de Investigación sobre la Formación de Profesores del Mercosur Cono Sur, realizado em Caracas (Venezuela), entre los días 2 y 6 de noviembre de 2015.

BRASIL. Ministério da Educação. Secretaria de Educação Básica. Secretaria de Educação Continuada, Alfabetização, Diversidade e Inclusão. Secretaria de Educação Profissional e Tecnológica. Conselho Nacional da Educação. Câmara Nacional de Educação Básica. *Diretrizes Curriculares Nacionais Gerais da Educação Básica/Ministério da Educação.* Secretaria de Educação Básica. Diretoria de Currículos e Educação Integral. Brasília: MEC, SEB, DICEI, 2013.

BRASIL. Secretaria de Educação Fundamental. *Parâmetros curriculares nacionais:* arte/Secretaria de Educação Fundamental. – Brasília: MEC/SEF, 1997.

BRIQUET, Raul. Educação: Brasil Colonia. In: MORAES, Rubens Borba de. *Manual Bibliográfico de estudos brasileiros.* Rio de Janeiro: Souza, 1949.

BROCAS, Modesto. *A Questão do Ensino das Bellas-Artes.* Rio de Janeiro: S.L., 1915.

CARRARA, Rosangela M. *As Políticas Públicas da Formação de Professores de Artes na modalidade a distancia.* Artigo apresentado no XXIII Seminario Internacional de Investigación sobre la Formación de Profesores del Mercosur Cono Sur, realizado em Caracas (Venezuela), entre los días 2 y 6 de noviembre de 2015.

CASTELLS, M. *The Rise off the Network Society:* The Information Age: Ecnomy, Society, and Culture. Volume I Oxford: Blackewell Publishers, 1996. Disponível em: <https://brettany.wordpress.com/.../castells-m-1996>. Acesso em: ago. de 2014.

DE MAIS, Domenico. (org.). *A emoção e a Regra:* Os grupos criativos na Europa de 1850-1950. Rio de Janeiro/Brasília: José Olympio/UnB Editora, 1999.

DEWEY, John. *Como pensamos como se relaciona o pensamento reflexivo com o processo educativo:* uma reexposição. Tradução: Haydée Camargo Campos. 4ª ed. São Paulo: Nacional, 1979a. Atualidades pedagógicas; vol. 2. 292 p.

_____. *Democracia e educação.* Tradução: Godofredo Rangel e Anísio Teixeira. São Paulo: Nacional, 1979b. Atualidades pedagógicas; vol. 21.

_____. *Liberalismo, liberdade e cultura.* Tradução de Anísio Teixeira. São Paulo: Nacional, 1970.

_____. *Reconstrução em filosofia.* Tradução: Antônio Pinto de Carvalho. São Paulo: Nacional. 1959a.

_____. *Vida e Educação.* Tradução: Anísio Teixeira. 3ª ed. São Paulo: Nacional. 1959b.

IANNI, Octavio. *Enigmas da modernidade-mundo.* Rio de Janeiro: Civilização Brasileira, 2000.

ILLICH, Ivan. *The Ritualization of Progress:* Draft of a paper prepared for Conference on Technology. CIDOC, doc nº 228. Aug. 1970.

NAGLE, Jorge. *Educação e Sociedade na Primeira República.* São Paulo: EPU, 1974.

QUEIROZ, Glória Regina Pessoa Campello. Processo de Formação de Professores Artistas Reflexivos de Física. *Revista Cedes.* Campinas, v. 22, n.74, p. 97-119, Abril, 2001.

REBOUÇAS, André. *Generalização do ensino do desenho.* São Paulo: Novo Mundo, 1878.

ROMANELLI, Otaíza de Oliveira. *História da Educação no Brasil (1930-1973).* Petrópolis/RJ: VOZES, 1989.

SODRÉ, Nelson Werneck. *Síntese de História da Cultura Brasileira.* São Paulo: DIFEL, 1972, reeditado 1984.

TOBIAS, José Antônio. *Histórias das Ideias Estéticas no Brasil.* São Paulo: Grijalbo, 1967.

XAVIER, Maria Elizabete Sampaio Prado. *Capitalismo e escola no Brasil:* a constituição do liberalismo em ideologia educacional e as reformas do ensino (1931-1961). Campinas/SP: Papirus, 1990.

SOBRE A AUTORA

Rosangela Carrara

Professora universitária, atua na docência de cursos de graduação e pós-graduação. Pesquisadora-membro do grupo de pesquisa "Formação de Professores no Mercosul-Conesul - UFRGS", desde 1993 e do grupo de pesquisa "Formação e prática de Professores e as Tecnologias da Informação e da Comunicação –UFPeL", desde 2012. Pesquisadora-coordenadora do Grupo de Pesquisa "A formação do Professor de Artes – FAMPER", desde 2009. Analista de Projetos, especialista colaboradora do BNI-DOCENTE/ INEP/MEC e Elaboradora/Revisora de Itens – INEP-DAEB BEI-BI. Tendo como linha central de pesquisa: a formação do professor de artes, analisa as Políticas Públicas dessa formação, as Diretrizes Curriculares, os Parâmetros Curriculares Nacionais, o currículo dessa formação além da dimensão estética e ética do professor de artes. Nesse sentido busca as raízes históricas da arte-educação, para dar prosseguimento a pesquisa. Participa de Seminários Nacionais e Internacionais que abordam a temática da Formação de Professores há 23 anos com publicação de artigos e resumos nos anais desses seminários, até a publicação de um *e-book* denominado O ensino das artes no Brasil: 195 anos de história (2012) pela Editora Simplíssimo.

SOBRE O LIVRO
Tiragem: 1000
Formato: 14 x 21 cm
Mancha: 10 X 17 cm
Tipologia: Times New Roman 11,5/12/16/18
Arial 7,5/8/9
Papel: Pólen 80 g (miolo)
Royal Supremo 250 g (capa)